Der Heilige zweckt die Mittel

Werner Julius Frank, pensionierter Ingenieur, geboren 1939 in Franken, lebt seit über 50 Jahren in Niedersachsen, nach eigenen Angaben fröhlicher Pessimist, mit einem gewissen Hang zu Übertreibungen und einer ausgeprägten Freude an absonderlichen Wortverdrehungen.

Im Rahmen des Schreibwettbewerbs „Ü70" mit dem Thema „Das letzte Wort", veranstaltet von der Literaturagentur Hermes Baby und des Autors Richard Reich in Zürich, wurde Werner Julius Frank für seinen Beitrag „Toxisches Schlußlicht" ausgezeichnet.

Werner Julius Frank

Der Heilige zweckt die Mittel

Ebenfalls von Werner Julius Frank:

Geschichten und Gedichte in verschiedenen Anthologien

„Drogenpalast und andere sinnlose Geschichten"
ISBN 978-3-00-019517-4
1. Auflage 2006
2. Auflage 2008

„Klinisch toter PC und andere kaputte Geschichten"
ISBN 978-3-00-021832-3
1. Auflage 2007

„Die Ibisse des Kranikus"
ISBN 978-3-00-028455-7
1. Auflage 2009

„Störe meine Krise nicht!"
ISBN 978-3-00-039772-1
1. Auflage 2012

1. Auflage
ISBN 978-3-00-053085-2

KSP Verlag, Wuppertal
Infos im Internet: www.ksp-verlag.de
E-Mail: info@ksp-verlag.de
Umschlaggestaltung:
Monika Kindermann

Das Werk ist einschließlich aller seiner Teile urheberrechtlich geschützt. Jede Verwertung außerhalb der engen Grenzen des Urheberrechtsgesetzes ist ohne Zustimmung des Verlages unzulässig und strafbar. Dies gilt insbesondere für Vervielfältigung, Übersetzungen, Mikroverfilmungen und Einspeicherung und Verarbeitung in elektronischen Systemen.

Printed in Germany

Inhalt

Toxisches Schlußlicht	7
Stromloser Staubsauger	14
Dumm gelaufen	17
Book a Doc Date	21
Sie zieht allein	25
Die gähnende Leere	28
Ortsrat Null	35
Blitzer privat	39
Vergrabener Hund	46
Mit Unfug und Unrecht	52
Gesetzter Fall	58
Zweiradfahrer absteigen	63
Fotojäger	66
Vertraut oder nicht	68
Schläuche und Läuche	72
Die Quote des Schachbrett	77
Ohne Verständnis	82
Zar und Zimmerfrau	85
Streik nach unten	90
Vier-Julchen	94
Den kenn´ ich doch	100
Der Heilige zweckt die Mittel	107
Schaffung	113
Ladysteak	119
Ortsschild auf Reisen	124
Schwarzer Dialog	130
Uhrenvergleich	136
Schlüsselfrage	139
Deppenmillionär	142
Thermodynamischer Dreck	148
E-Bike	151
Der Organist	154
Testament ungeschrieben	156

Toxisches Schlußlicht

Die ersten fand ich auf der Straße. Sie lagen dort einfach so herum, niemand schien sich um sie zu kümmern. Vom Schicksal gebeutelte Wörter, nicht artgerecht gehaltene oder gar vom Aussterben bedrohte. Ich erbarmte mich ihrer, nahm sie mit nach Hause, schrieb sie auf kleine Zettel und legte sie unter den Briefbeschwerer auf meinem Schreibtisch. Wenn ich Zeit hätte, so versprach ich, würde ich versuchen, ihr Mißgeschick zu lindern.

Was ich dann auch tat. Manchen konnte ich helfen. »Body Bag« und »Public Viewing« verhalf ich zu ihrer ursprünglichen Bedeutung, »Nachhaltig« und »Effizienz« konnte ich sofort wieder in die freie Wildbahn entlassen, sie sind inzwischen aus der politischen Landschaft überhaupt nicht mehr wegzudenken. Bei anderen hingegen scheiterte ich genial. Das Adjektiv »geil« zum Beispiel weigerte sich hartnäckig, seine ursprüngliche Bedeutung anzunehmen, es fühlte sich dem Geiz verpflichtet und lehnte jede von mir vorgeschlagene Sinnkorrektur ab. Das alles ging eine Weile gut. Ich reparierte, die Patienten bedankten sich und verschwanden. Ab und zu fand ich ein paar neue, ich nahm sie mit und steckte sie unter den Briefbeschwerer.

Dann aber änderte sich die Situation schlagartig. Meine Wortreparaturkünste schienen sich herumgesprochen zu haben, ich mußte die Wörter nicht mehr auf der Straße suchen, sie kamen aus eigenem Antrieb. Sie klingelten an meiner Haustür und behaupteten, irgend jemand hätte sie zur

Reparatur geschickt und ihnen meine Adresse genannt. Die Gründe, weswegen sie meine Hilfe erbaten, waren meistens verworren oder gar grotesk. Die meisten aber kamen ganz einfach, um sich restaurieren zu lassen. Wie und warum erzählten sie mir nicht. Sie hätten nur den Eindruck, mit ihnen sei etwas nicht in Ordnung. Manche bestanden auf sofortiger Behandlung, einige beteuerten sogar, sie hätten einen Termin. Andere gaben sich weniger herausfordernd, sie wären schon zufrieden, wenn sie noch in diesem Quartal zum Zuge kämen.

Ich wußte nicht mehr, wohin mit ihnen. Mein Briefbeschwerer hatte Mühe, das Gleichgewicht zu halten. So beschloß ich, ein Wartezimmer einzurichten. Nicht so eines, wie man es bei Ärzten vorfindet. Kein komfortabler Menschenraum, mein Zimmer für unbehandelte Wörter hatte weder Fenster noch Stühle oder gar eine Garderobe. Es war eine armselige Schachtel, in der sich einst Turnschuhe befunden hatten. Die Schuhe waren aus-, die Wörter eingezogen. In den Deckel bohrte ich ein paar Löcher. Des Artenschutzes wegen.

Es war schon spät, so gegen Mitternacht, als ich den Schuhkarton aufschnürte, darin herum tastete, bis ein Wort zwischen meinen Fingern hängen blieb. Ein ziemlich normales, gesund aussehendes. Keine Anzeichen äußerer Verletzungen. Nach meiner ersten Einschätzung eines, das überhaupt keiner Behandlung bedurfte. Ich war schon dabei, es wieder in die Pappschachtel zu stopfen, hatte aber nicht mit einem derart energischen Widerstand gerechnet. Mein auserwählter Schützling zwängte sich zwischen den beiden Hälften des Kartons gewaltsam durch die Spalte, kletterte auf dessen Deckel, krabbelte auf die Tastatur meines Computers und ließ sich dort kackfrech auf der WLAN-Taste nieder. Im Schneidersitz. Er sah ziemlich heruntergekommen aus: Ungewaschen, wirre Frisur, um seine Füße hatte er zerrissene Stofflappen gewickelt. Er schaute mich ebenso erwartungsvoll wie herausfordernd an.

»Was willst du hier?« fragte ich.

»Ich brauche deine Hilfe«, kam die Antwort.

»Wieso Hilfe, du siehst ziemlich gesund aus.«

»Gesund schon, aber das ist nur äußerlich. Ich habe ein inneres Problem, ein mentales. Die andern im Karton haben gesagt, du könntest das reparieren.«

»Reparieren was?«

»Meinen Anfangsbuchstaben, ich brauche einen neuen.«

Gott sei Dank! dachte ich. Also doch kein psychologisches Problem, nur ein alphabetisches. Müßte doch einfach zu lösen sein.

»Und warum brauchst du den?« fragte ich.

»Weil ich das letzte Wort in sämtlichen Wörterbüchern bin. Nach mir kommt nichts mehr.«

»Und was ist daran so schlimm?« tröstete ich, »einer muß immer der Letzte sein.«

»Ich bin nicht nur der Letzte, ich bin auch ein Gift. Eines von beiden reicht. Ich möchte nicht als toxisches Schlußlicht herumlaufen.«

Der Fall war offenbar doch komplizierter als ich vermutet hatte.

»Wieso toxisch?« erkundigte ich mich, »wie heißt du überhaupt?«

»Zytotoxizität, aber du kannst Zyto zu mir sagen.«

»Der oder die Zyto?«

»Die, ich bin weiblich.«

So sehr ich mein Gedächtnis auch bemühte, dieses Wort hatte ich noch nie gehört. Elektrizität, Kapazität, Universität, die kannte ich. Sogar Wörter, die mit »Z« begannen, wie Zyklonenfriedhof, Zypernkonflikt oder Zylinderkopfdichtung. Aber Zytotoxizität?

Zyto-dings-da schaute mich herausfordernd an. Sie schien meine Gedanken erraten zu haben.

»Du hast nicht die geringste Ahnung, wer ich bin«, sagte sie und runzelte die Stirn. »Du nennst dich Wortheilkünstler, aber du kennst die alltäglichsten Wörter nicht. Dabei bin ich nur ein simples Lexem. Dein Alphabet hört wahrscheinlich bei ›K‹ auf.«

Sieh an. Drängt sich mit Gewalt aus dem Schuhkarton, setzt sich, ohne zu fragen, respektlos auf meine Tastatur, offeriert mir ein inneres Problem und beginnt, mich zu beschimpfen.

»Geh´ runter von meiner WLAN-Taste«, forderte ich ärgerlich, »ich muß ins Internet, da werde ich dich schon finden. Samt Lexem.«

»Wörterbuch hast du wohl keines«, sagte Zyto, während sie widerwillig zur Seite rutschte und sich auf die Enter-Taste setzte.

»Zytotoxizität«, fand ich, »ist die Fähigkeit einiger chemischer Substanzen, Gewebezellen zu schädigen. Ein Kompositum aus dem gebundenen Lexem von dem altgriechischen zyto- und dem Adjektiv toxisch.« Und unter Lexem stand zu lesen: »Ein Terminus der Linguistik, insbesondere der Semantik und der Lexikologie. Er bezeichnet eine Bedeutungseinheit, die von der Morphologie und von der konkreten syntaktischen Funktion der sprachlichen Einheit absieht.«

War ja glasklar, warum war ich da nicht schon vorher drauf gekommen?

»Du kommst also aus Griechenland und bist ein Schädling«, faßte ich zusammen.

»Griechenland kannst du weglassen, Schädlinge gibt´s überall«, kam die patzige Antwort.

»Und schämst du dich nicht? Ich meine, wie kommst du darauf, daß ich einen Menschenmörder reparieren würde?«

»Hast du nicht zugehört oder geht das nicht in deinen Schädel?« zeterte Zyto. »Ich brauche keine Reparatur, nur einen neuen Anfangsbuchstaben. Ich möchte einen vorderen Platz in den Wörterbüchern. Ist doch nicht zuviel verlangt. So etwas müßtest du doch hinkriegen.«

Überaus aufmüpfig, das Fräulein. Ich überlegte bereits, ob ich es durch einen nochmaligen Druck auf die Enter-Taste ins Jenseits befördern sollte, beließ es aber bei diesem Gedanken.

»Dann such dir doch einen anderen Namen aus«, schlug ich vor. »Einen, mit dem du an der Spitze des ABCs stehst.«

»Sag´ mir einen!«

»Zum Beispiel Aabakus. Den gab´s auch in Griechenland, er würde dir gefallen. Mit dem könntest du dich in deiner Muttersprache unterhalten.«

»Abakus schreibt man mit einem ›a‹«, widersprach Zyto.

»Na wenn schon, aber immerhin ganz vorne.«

»Geht nicht. Ich kann doch nicht den Vorläufer deines Klapprechners machen.«

»Warum nicht?«

»Du hast sie doch wohl nicht mehr alle. Mein Status wäre dahin. Ich bin in der Medizin, der Pharmakologie und der Chemie eine feste Größe. Und du willst mich auf einen Holzkugelrechner aus der Antike reduzieren.«

»Will ich nicht. Ist deine Entscheidung. Entweder du machst den Abakus und stehst ganz vorn oder du bleibst die Zytotoxizität und bist Letzter. Nur eines von beiden geht.«

Zyto druckste herum.

»Nur eines von beiden?«

»Was denn sonst?«

»Und wenn ich meinen Namen behalte, also den Letzten mache, könntest du mich nicht wenigstens entgiften?«

Es gibt in meinem Schuhkarton neben den ganz Normalkaputten auch ausgesprochen Absonderliche: Psychopathisch angehauchte, webfehlerbehaftete Esoteriker, panische Angstneurotiker, in nebulöse Halluzinationen verfallene Normalverwirrte, kurzum, das komplette Spektrum aller Parapsychologie-Patienten. Aber einer, der entgiftet werden wollte, hatte sich noch nie eingefunden. Eine einfache Lösung fiel mir nicht ein.

»Wie wär´s mit Anti-Zytotoxizität?« unterbrach Zyto meine Gedanken. »Immerhin mit einem ›A‹ am Anfang. Ich würde weit vorne stehen, keine Zellen mehr schädigen, sondern sogar welche fabrizieren. Zumindest ein Teil von meinem Status bliebe erhalten.«

»Das glaubt dir doch niemand. Schon wie du aussiehst, das fällt spätestens auf, wenn du wieder jemanden umbringst.«

»Du weißt nur, was nicht geht. Wie es funktionieren könnte, davon hast du keine Ahnung. Du bist kein Wortreparateur, nicht mal ein Quacksalber, du bist nur ein unfähiger Bedenkenträger«, geiferte Zyto.

Langsam wurde es zuviel, es reichte. Da hole ich diese Schwachsinnige zu nachtschlafender Zeit aus der Schachtel, um ihr zu helfen, und sie fängt an, mich unflätig anzugiften. Vermutlich eine genetisch bedingte Eigenschaft, auch Gifte scheinen nicht aus ihrer Haut zu können.

Ich machte dem renitenten Zellgift einen letzten Vorschlag.

»Du könntest deinen griechischen Paß gegen einen britischen tauschen. Aus Gift würde dann poison und box würde die Zelle ersetzen. Du hießest dann poison box.«

»Dann schon box poison«, maulte Zyto. »Das kommt gleich hinter ›A‹.«

»Das gibt´s nicht«, widersprach ich. »Das gibt´s im Englischen nicht, poison muß zuerst kommen.«

Zyto stand auf und trampelte wütend auf der Enter-Taste herum. Wie weiland Rumpelstilzchen.

»Hab´ ich doch schon gesagt, du Analphabet«, schrie sie, »du weißt nur, wie es nicht geht. Ich verplempere hier nur meine Zeit, ich haue ab, ich suche mir einen, der das ABC schon einmal bis zum Ende gelesen hat. Bleib ruhig sitzen, ich finde meinen Weg allein.«

»Findest du nicht«, antwortete ich, »aber ich helfe dir.«

Dann packte ich Zyto am Schopf und warf sie aus dem Fenster. Ich weiß, das darf ein dem Äskulap verpflichteter Menschenarzt nicht tun, ein mäßig befähigter Wortheilkünstler schon. »Knalltüte«, hörte ich Zyto noch rufen, als sie durch das Fenster flog.

Stromloser Staubsauger

Ich hatte ihn nicht eingeladen, er hatte einfach an meiner Haustür geklingelt und sich als Vertreter der Staubsaugerfirma vorgestellt, von der wir vor einiger Zeit ein derartiges Gerät gekauft hatten. Der Mann war weder groß noch klein, weder dick noch dünn, weder gutaussehend noch häßlich, er war weder das eine noch andere, bis auf seine Kleidung. Die war ziemlich genau zwischen weder und noch.

»Wie geht´s denn?« begrüßte er mich.
»Wem?«
»Ihnen und Ihrem Staubsauger.«
»Mir geht´s gut.«
»Und Ihrem Sauger.«
»Dem auch.«
»Saugt er ordentlich?«
»Macht er ab und zu.«
»Wieso nur ab und zu?«
»Weil er meistens nicht saugt.«
»Was hat er denn?«
»Er hat eine ganze Menge. Ein Gehäuse, Schläuche, Schalter und im Innern ist ein Motor drin. Steht zumindest in der Beschreibung.«
»Ich meinte, warum er nicht saugt. Vielleicht liegt es ja am Filter. Wenn es voll ist oder verstopft, saugt er nicht mehr ordnungsgemäß. Könnte ich auswechseln.«
»Brauchen Sie nicht. Sie vertrödeln nur Ihre Zeit. Er saugt ja, eben bloß zur Zeit nicht.«

»Und warum nicht?«
»Weil er in der Abstellkammer steht.«
»Dann brauchen Sie ihn doch nur anzuschließen!«
»Wieso?«
»Damit er saugt.«
»Kann ich nicht. Der Sauger ist elektrisch, in der Kammer gibt´s keine Steckdose.«
»Dann schließen Sie ihn doch woanders an. Da, wo es Strom gibt!«
»Mit Strom allein geht´s nicht. Er braucht auch eine Spannung, ohne Spannung kein Strom. Hat mit Physik zu tun.«
»Was meinen Sie mit Spannung?«
»Na die 240 Volt, die in der Steckdose lauern.«
»Wieso lauern? Und worauf?«
»Daß jemand ein Gerät anschließt und der Strom herauskommt.«
»Dann schließen Sie den Sauger doch an. Der Sauger ist ein Gerät.«
»Warum sollte ich das tun?«
»Damit der Sauger saugt.«
»Will ich nicht.«
»Warum nicht?«
»Es gibt nichts zu saugen. Oder haben Sie etwas zum Saugen mitgebracht?«
»Mache ich nie. Ich sauge immer an Ort und Stelle.«
»An welchem Ort?«
»Na hier, in Ihrer Wohnung.«
»Und an welcher Stelle?«
»Sie werden doch irgendwo einen Teppich haben. Hier zum Beispiel, im Flur.«
»Im Flur geht nicht.«
»Warum nicht?«
»Da gibt´s auch keine Steckdose.«

»Aber es ist doch Licht an.«

»Licht schon. Es wird mit einem Lichtschalter angeknipst. Einen Saugerschalter habe ich nicht.«

»Dann können wir ja jetzt überhaupt nicht saugen.«

»Habe ich Ihnen schon vorhin gesagt, der Sauger saugt nicht immer.«

»Dann schließen wir ihn halt woanders an, da wo es eine Steckdose gibt, zum Beispiel im Wohnzimmer.«

»Brauchen wir nicht. Da habe ich schon heute morgen gesaugt, einmal am Tag reicht.«

»Dann ist er ja nicht kaputt!«

»Ist er nicht. Habe ich Ihnen ja schon vorhin gesagt.«

»Warum sollte ich dann aber das Filter wechseln?«

»Sollen Sie nicht, war ja Ihre Idee, nicht meine.«

»Dann vertrödle ich hier nur meine Zeit.«

»Auch das habe ich prophezeit. Aber Sie wollten ja nicht auf mich hören.«

»Meine Zeit haben Sie auch verplempert«, rief ich ihm hinterher, als er das Haus verließ.

Dumm gelaufen

Wir saßen wieder einmal zusammen. Im fast überfüllten Biergarten des Dorfkrugs. Ein heißer Julitag. Heiß war noch zu milde ausgedrückt, eher zweimalheiß. Kellner Jochen hatte Mühe, für den Biernachschub zu sorgen, erstens, wegen der heftigen Nachfrage und zweitens wegen der Straße, die den Dorfkrug vom Biergarten trennte. Sie hatten zwar vor dem Krug ein Schild »Achtung freilaufende Kellner!« aufgestellt, das sich aber als ziemlich nutzlos erwies. Mehrmals mußte Jochen am Straßenrand, ein Tablett in der Hand, warten, bis die staubigen Autos endlich an ihm vorbei geschlichen waren.

Als ich ankam, trank Krake bereits sein drittes Bier. Krake - eigentlich heißt er Tassilo Tintenfisch, aber bei uns nannte man ihn nur Krake. Er hatte nichts dagegen, er selbst fand Tassilo genau so lächerlich wie Tintenfisch. Er könne nichts dafür, hatte er einmal erzählt. Seine Mutter Elisa Tintenfisch, geborene Hecht-Schneewolf, hatte aus irgendeinem aberwitzigen Grund auf diesem Vornamen bestanden. Vermutlich wegen ihres grotesken Faibles für mittelalterliche bayrische Herzöge. Krake verglich diese unselige Verknüpfung zweier alberner Namen mit der Kombination aus Pest und Cholera. Krake, so befand er, passe besser zu ihm und seinen Fähigkeiten als ausgebildeter Weltverbesserer und hauptberuflicher Anarchist. Nebenbei war er Gründer, Vorstand und Betreiber der einzigen hiesigen kulturellen Einrichtung, die er »Museum für Unfug und Unglück« benannt hatte. Was sich darin befand, wußte nur er, niemand hatte jemals den kostenlosen Eintritt in Anspruch genommen.

»Wie geht´s?« fragte ich ihn, als ich mich zu ihm setzte.

»Ganz gut«, murrte er, »aber es läuft nicht.«

»Es kann nur gehen, aber nicht laufen?« meine Nachfrage.

»So ist es, gehen geht, laufen geht nicht.«

»Und warum läuft es nicht?«

Krake schaute mich verwundert an. »Wer ist *es*?« wollte er wissen.

»Ich habe dich gemeint. Wie es dir geht, habe ich gefragt.«

»Hast du nicht. Du hast *es* gesagt, nicht *dir*. Ich bin Krake und *es* ist das … .«

Krake dachte nach, sein Blick wanderte durch den Biergarten.

»Es ist das Kind«, sagte er schließlich.

»Welches Kind?«

Krake hatte kein Kind. Jedermann wußte das. Kinder möge er nur gebraten, hatte er einmal nach dem neunten Bier behauptet. Obwohl einer seiner bekannten plumpen Scherze, sprach niemand aus dem Verein der Jungen Mütter jemals auch nur noch ein Wort mit ihm.

Er suchte offensichtlich nach einem Namen. »Paul«, sagte er endlich, »Paul.«

»Paul ist *es*? Müßte Paul nicht *er* sein?«

»Muß er nicht, Paul ist das Kind.«

»Das Kind wo?«

»Da drüben im Sandkasten«, erklärte er und deutete auf die Spielgeräte in der Ecke des Biergartens.

Ich sah zum Sandkasten hinüber. Das Kind saß in dem Kasten und versuchte, mittels einer Schaufel Sand in Kuchenformen zu füllen. Blonde Locken bis zum Hals, ob Junge oder Mädchen, war nicht zu erkennen. Bestenfalls ließen der blaue Hosenanzug und die fehlende rosa Schleife im Haar einen Jungen erahnen.

»Aber das Kind, es läuft ja nicht«, bemerkte ich.

»Sag´ ich doch, es kann nur gehen, laufen kann es noch nicht.«

»Aber es geht auch nicht. Es sitzt.«

Krake sah mich mit einem Blick an, wie er normalerweise nur bösartigen Politessen zusteht.

»Im Sandkasten kann man auch sitzend spielen.«

Er ließ einen Moment verstreichen.

»Ohne Gehen oder Laufen«, fügte er dann hinzu.

»Gehen und Laufen zusammen geht nicht«, sagte ich. »Entweder das eine oder das andere. Und wenn es sitzt, geht beides nicht.«

»Ich habe *oder* gesagt, nicht *und*. Gehen *oder* Laufen.«

»Oder Laufen geht auch nicht. Es kann nur sitzend oder gehend spielen, laufend nicht.«

»Geht doch!« behauptete Krake, »es kann laufend spielen. Andauernd, in einem fort, ständig, ununterbrochen eben.«

Er suchte nach einer Untermauerung seiner verschrobenen Folgerung.

»Es muß nicht unbedingt Spielen sein, es kann auch etwas anderes *laufend* machen, nur eben nicht laufen. Laufend laufen schon überhaupt nicht.«

Im Sandkasten hatte Paul inzwischen wohl sämtliche Kuchenformen erfolgreich mit Sand befüllt. Nun suchte er nach einer neuen Herausforderung und beschloß, den verbliebenen Sand mit beiden Händen über seinen Haarschopf zu streuen. Die ein paar Tische weiter weg sitzende Mutter sprang auf, bewegte sich zum Sandkasten, hob das Kind aus jenem.

»Paula, wie siehst du denn aus!« rief sie und nahm das Kind auf den Arm.

»Paul heiß Paula«, grinste ich Krake an.

»Na und? Ist ja fast dasselbe. Nur ein Buchstabe mehr, so gut wie getroffen.«

Wir tranken aus und gingen. Krake humpelte aus dem Biergarten.

»Wie ist das passiert?« fragte ich.

»Weiß nicht mehr, ist beim Jogging geschehen. Ist weiter nicht schlimm, ist halt nur dumm gelaufen.«

»Kann dem Kind ja nun nicht passieren«, sagte ich.

»Wieso denn das?« Krake sah mich fragend an.

Weil es ja noch nicht laufen kann. Ob schlau oder dumm. Erst in ein paar Monaten, dann kann es auch humpeln.«

»Haarspalter«, schimpfte Krake, dann verschwand er.

Book a doc date

Auf die Idee hatte mich meine Frau gebracht. Mitte Februar, als sie bei einem Augenarzt um einen Termin nachgesucht hatte. Wahrscheinlich war ihr dabei ein fataler Fehler unterlaufen. Die Frage, ob es sich um einen Notfall handele, hatte sie wahrheitsgemäß verneint und die Nachfrage, ob sie eventuell Privatpatientin sei auch. So hatte sie einen Termin Ende August bekommen. Der Rettungsversuch, daß sie zwar Kassenpatientin sei, aber privat in der Praxis erscheinen würde, da sie weder eine Firma vertrete noch einer sonstigen Profession nachgehe, mißlang gründlich.

Zuhause schimpfte sie wie ein Rohrspatz. In diesem Land ein halbes Jahr auf einen Termin zu warten, sei unerträglich, befand sie, in dieser Zeitspanne könne sie zu Fuß in die Innere Mongolei wandern und sich dort behandeln lassen. Das alles läge nur an dem Mißmanagement der Ärzte, von Zeitplanung hätten die ohnehin keine Ahnung und deren Terminkalender stamme noch aus Julius Cäsars Zeiten. Sie fluchte und schimpfte, gebrauchte Wörter, die ich hier besser nicht wiedergeben werde und beschloß, sich einfach vor die Praxistür zu setzen und dort solange zu bleiben, bis man sich ihrer erbarmte. Die dürften sie nicht wegschicken, beteuerte sie, das sei ein glatter Bruch des Äskulap-Stabes. Hatte leider nicht funktioniert, sie saß da noch, als die Praxis längst geschlossen war. Sie möge sich um einen Termin kümmern, sie sei kein Notfall, hatte man ihr erklärt. Mein Angebot, ich könne sie mit Hilfe einer kräftigen Faust zum jenem befördern, lehnte sie rundweg ab.

Diesen Ärger ist sie nun los, das Problem stellt sich nicht mehr. Ich habe eine Mini-Firma gegründet, die Arzt-Termine kurzfristig vermittelt. So eine richtige Firma ist es eigentlich nicht, trotzdem habe ich ihr einen Namen gegeben. »Book a doctor date«, heißt sie, in Kurzform »BAD«. Klingt ein bißchen böse, ist es aber nicht. Mit dem Zusatz »GojHa«, Gesellschaft ohne jegliche Haftung.

Angefangen habe ich in einem ganz kleinen Ort namens Heinbüll, einem Ort, den man nicht kennen muß. Aber da gab es nur einen Veterinär, der gelegentlich auch Menschenzähne zog und Armbrüche zusammengipste, sonst aber zu weiteren Menschenbehandlungen nicht zu gebrauchen war. Der Viehdoktor ignorierte jegliche Art von Kalender, Kühe fragen nicht, sie beschließen ihre Termine eigenmächtig.

Also zog ich in die Stadt. Veterinäre mal ausgeschlossen, umfaßt meine Datei nunmehr Ärzte der Akupunktur, Allergologie, der Anthroposophischen Medizin, der Chirotherapie, Homöopathie, Inneren Medizin usw. Auch eine Menge Kardiologen, Neurologen, Urologen und alles, was eben am Ende mit »-logen« aufhört, findet sich in meiner Sammlung. Das Geschäft lief derartig blendend an, daß ich nach kurzer Zeit beschloß, meinen Aktionsradius deutlich zu vergrößern, er reicht inzwischen von Flensburg bis Garmisch-Partenkirchen.

Das System funktioniert so: Mein Arbeitstag beginnt so gegen 9.00 Uhr. Ich rufe der Reihe nach in den einzelnen Praxen an und bitte jeweils um einen kurzfristigen Termin. Das Wort »kurzfristig« ist dabei kein besonderer Beschleuniger, hilft aber ab und zu dennoch. Beispielsweise, wenn ein Patient die Wartezeit nicht überlebt und seinen Termin somit ins Grab genommen hatte.

Die Termine trage ich eine Datenbank ein, vermerke Datum, Art des Arztes, Adresse und eine Einschätzung der

Freundlichkeit der Arzthelferin mit den Noten 1 - 6. Ich bin zwar nicht sicher, ob die Berufsbezeichnung »Arzthelferin« noch korrekt ist, kann sein, daß sie sich inzwischen »Fachfrau für Terminverhandlungen« nennt, aber ich lasse es mal bei dieser Bezeichnung.

Damit ist die meiste Arbeit bereits getan, ab Mittag beantworte ich die Kundenanfragen. Ein Termin bei einem Orthopäden, einer bei einem Gastroenterologen, eine weiterer für ein MRT, klappt reibungslos, alles kein Problem. Auch mein angebotenes Service-Pack wird sehr gerne angenommen. Ein Zahnarzt in Budapest mit einwöchigem Aufenthalt in einem Mittelklassehotel einschließlich Stadtführung, ein neues Knie auf Mallorca mit anschließendem Strandurlaub all inclusive in El Arenal, meistens funktioniert das alles glatt. Schwierig ist es nur, wenn ich den passenden Arzt nicht zur Hand habe. Da kann es schon mal vorkommen, daß ich einen Klienten, der auf einem Termin bei einem Kieferchirurgen beharrt, nur mit großer Überredungskunst zu einem Besuch bei einem Psychotherapeuten bewegen kann.

Gelingt es mir trotz aller Bemühungen nicht, einen geeigneten Arzt zum erwünschten Termin zu vermitteln, nehme ich meine Tauschbörse zu Hilfe, sie erfreut sich zunehmenden Zuspruchs. »Biete Kardiologen zum 28. Mai, suche Ohrenarzt bis spätesten zum 1. Juni«, oder »Anthroposophischer Mediziner gegen Lasertherapeuten zu tauschen.« Sogar einen vietnamesischen Akupunkteur aus Thüringen habe ich schon mal gegen einen Pathologen aus Goslar getauscht.

Bliebe nur noch die Frage des Honorars. Ich habe mich für ein denkbar einfaches System entschieden, mein Honorar richtet sich nach der Art des Verkehrsmittels, das meine Klienten für ihren Arztbesuch benutzen. Die erste Kategorie »S«, Anreise zu Fuß, mit dem Fahrrad oder öffentlichen Verkehrsmitteln, kostet am wenigsten. Die Kategorie

»L«, Benutzung eines Mittelklasse-Autos, sagen wir bis zum Chevrolet Malibu, ist schon etwas kostspieliger. Richtig teuer wird´s in der Kategorie »XL«, sie betrifft sämtliche autobahnfähigen Geländeautos. Darüber hinaus gibt es keine weitere Klasse, die mit den Porsches, Jaguars, Ferraris benötigen meine Hilfe nicht, die können sich nicht nur den Termin, sondern auch den Arzt kaufen. Auch E-Bike-Fahrer ohne Behinderung habe ich dieser Kategorie zugewiesen.

Es floriert besser als ich je erhofft habe. Erste Anfragen kommen bereits aus Andorra, aus der Steiermark, sogar von den griechischen Inseln sind welche eingetroffen. Alles in allem bin ich mit meiner neuen Tätigkeit höchst zufrieden. Nur eine Sorte Arzt habe ich aus meiner Datenbank entfernt. Ist mir durch die Lappen gegangen, als ich einem älteren Herrn einen Urologen-Termin vermitteln wollte. Da muß meine Datei, ohne mein Zutun, eigenmächtig gehandelt haben. Der Mann hat sich bitterlich beschwert, er würde in Zukunft auf meine Dienste verzichten, lieber würde er einen Monat warten, aber zu einem Gynäkologen gehe er nicht mehr.

Sie zieht allein

Alleinerziehend sei sie, so hatte Corinna gesagt, alleinerziehend. Was sie denn so ziehe, hatte ich gefragt. Ein fragendes Stirnrunzeln, die Antwort. Sie deutete auf das Kind mit den langen blonden Zöpfen, das im Sandkasten spielte. »Britta«, sagte sie dann, »du machst Monika kaputt.« Britta überhörte den Ruf zur Ordnung, unbeeindruckt versuchte sie weiterhin, ihrer Puppe Fransen aus dem Kopf zu ziehen.
»Was sollte die Frage?« wollte Corinna wissen.
»Welche Frage?«
»Was ich so ziehe.«
»Na ja, weil du ›alleinerziehend‹ gesagt hast.«
Corinna schaute mich verwundert an. »Mache ich ja auch«, sagte sie dann, »ich erziehe. Und das allein. Was ist daran so komisch?«
»Ist nicht komisch. Nur nicht korrekt. ›Alleinerziehend‹ kannst du gar nicht sein. Kann nur ein Mann, er zieht. Bei einer Frau müßte es ›alleinsieziehend‹ heißen.«
Sie dachte eine Weile nach. Angestrengt, in ihrem Kopf schien es zu gewittern. »Du spinnst«, sagte sie dann.
»Hat mit spinnen nichts zu tun, mehr mit Grammatik«, antwortete ich.
»Mit Grammatik?«
»So ist es.«
»Erklär´s mir«
»Ist nich´ leicht.«
»Versuch´s einfach.«
Wirst schon sehen, was du davon hast, dachte ich.

»Also«, dozierte ich, ›allein‹ ist eine adversative Konjunktion, eine ….«

»Eine was?« unterbrach sie.

»Ein entgegensetzendes Bindewort, wenn dir das etwas sagt.«

»Sagt es nicht.«

Wußte ich es doch. Wie soll man das auch plausibel erklären. Kriegt ja heutzutage nicht mal mehr ein Abiturient hin. In ihren Augen flimmerte eine Bildstörung. »Mach´ ein Beispiel!« forderte sie schließlich.

Na schön, ein Beispiel. Google hilf!

»Er rief um Hilfe, ›allein‹ es war zu spät. Es ist also anders ausgegangen, als er sich gewünscht hat. Daher der Gegensatz«, erklärte ich.

»Ist er tot?«

»Weiß ich doch nicht, war doch nur ein Beispiel.«

»Und was hat der Hilflose mit mir zu tun?«

»Wollte ich dir doch vorhin erklären. ›Allein‹ ist das Bindewort, ›er‹ ist ein Personalpronomen und ›ziehend‹ ein Gerundium. Im Infinitiv wird daraus ein Verb und der Satz lautet: Allein er zieht. ›Er‹ zieht also, nicht sie.«

»Und was zieht er denn so?«

»Ziehen kann er vieles. Die Bettdecke zum Hals, die Kuckucksuhr auf, die Nordic-Walking-Stöcke hinter sich her, die Vorhänge zu, eine Unmenge.«

Sie schaute mich merkwürdig von der Seite an. In ihrem Kopf arbeiteten starke Kräfte. So, als suchte sie nach einem Zusammenhang zwischen der adversativen Konjunktion und den Nordic-Walking-Stöcken.

»Und ein Kind, kann er auch ein Kind ziehen?«

»Natürlich.«

»Das darf er nicht«, empörte sie sich, »nicht mal an den Haaren. Läuft unter ›häuslicher Gewalt‹.«

Ich sah zu dem Sandkasten hinüber. Das Töchterchen zog Monika ein Haar nach dem anderen aus dem Kopf, lange wird´s nicht mehr dauern, dann würde die Puppe völlig kahl sein.

»Aber Puppenziehen darf man, deine Tochter zieht gerade«, entgegnete ich, »sie spielt Akkordeon.«

»Was macht sie?«

»Sie spielt Akkordeon. Wenn sie Monika an den Haaren zieht, heißt das ›Ziehhaarmonika‹.«

Corinna´s Stirnrunzeln hatte sich verstärkt, nicht mehr fragend, nunmehr ärgerlich.

»Du hast sie ja nicht mehr alle«, sagte sie zu mir und Britta zugewandt: »Laß das!«

Britta ließ es nicht. Sie hatte es geschafft, die Puppe hatte keine Haare mehr. Nun versuchte sie, ihr den Kopf vom Rumpf abzudrehen.

»Willst du ihr nicht helfen?« fragte ich, »allein kriegt sie den Kopf doch nie und nimmer ab.«

»Muß sie lernen«, antwortete Corinna, »gehört zu Selbstverwirklichung.«

Sie machte eine Pause. »Zieh´ doch mal an einem Bein!« rief sie Britta zu, »das geht leichter.«

Britta zog. Bein ab. Das zweite folgte hinterher.

»Und nun?« schaute sie ihre Mutter fragend an.

»Nichts mehr zu ziehen« antwortete jene, »alles gezogen.«

Ich habe sie nie wiedergesehen. Sie ist umgezogen. Mit ihrem verzogenen Kind. Allein. Nach Berlin.

Die gähnende Leere

Sie kam vom Supermarkt zurück, beide Radltaschen voll, die eine, in der sie die üblichen Lebensmittel verstaut hatte, die andere übervoll, aus ihr ragten ein Baguette und zwei Topfpflanzen. Den nicht mehr unterzubringenden Rest hatte sie auf dem Gepäckträger mit Hilfe eines Riemens befestigt. Sie setzte sich, weit weniger erschöpft als sonst nach einem Supermarkteinkauf. Ob ich denn Wasser für den Tee heiß machen könne, fragte sie dann. Konnte ich, meine Kochkünste konvergieren zwar gegen null, aber im Wasserkochen bin ich Spezialist. Von Nichts verstehe ich eine Unmenge.

»War ganz einfach, nix los«, sagte sie, als sie sich etwas erholt hatte, »kaum jemand da, es herrschte die gähnende Leere.«

Ich muß mich beim Kochen immer im höchsten Maße konzentrieren, hatte ihr also nicht die gebührende Aufmerksamkeit geschenkt.

»Die gähnende was?« fragte ich nach.

Sie sah mich an, als spräche sie mit einem Analphabeten oder einem Tauben. Oder beiden. »Die gähnende Leere«, wiederholte sie, »der Markt war nahezu unbevölkert. Das Personal mal ausgenommen.«

»Und die Leere natürlich ebenso«, fügte ich hinzu.

»Wieso das denn?«

»Muß ja, sonst hättest du sie doch nicht gähnen sehen.«

Ihr Analphabeten-Blick erschien neuerlich. Sie sah durch mich hindurch, betrachtete mich als Kulisse. Dann stand sie auf und bewegte sich ungewohnt wortlos in Richtung Küche.

»Warte«, rief ich sie zurück, »ich habe es noch nicht verstanden.«

»Was nicht verstanden?«

»Warum die Leere gähnte. Hast du sie mal gefragt, warum?«

»Sie gähnt einfach, ohne warum.«

Sie betrachtete das Gespräch als beendet, denn sie machte sich daran, die Lebensmittel auszupacken.

»Aber nur, wenn es leer ist, wenn es voll ist, dann nicht«, sagte sie im Weggehen.

Ich konnte sie nicht feixen sehen, sie war schon zu weit weg. Aber ich war sicher, sie lachte in sich hinein.

Die Leere gähnte also, wie sie sich ausdrückte, mehr wußte sie nicht zu sagen. Frage: Gähnt sie dauernd oder macht sie auch mal´ne Pause? Hat sie nichts Besseres zu tun? Oder anders: Was macht sie, wenn sie nicht gähnt? Steht sie dann nur einfallslos herum, und wenn ja, wo? Auch meine schlauen Nachschlagewerke halfen nicht weiter. Ob nun Schopenhauer, Konrad Lorenz, Gaius Plinius Secundus oder Charles Darwin, alle hatten nur Ahnungen oder Mutmaßungen. Von der griechischen Mythologie war die Rede, von reflexartigem Verhalten, Neurotransmittern und von sonst noch was. Fazit: Nichts Genaues wußte niemand.

»Du meinst, wenn es leer ist, dann zieht sie ein und wenn es voll ist, wieder aus?« rief ich in die Küche.

»So ist es«, schallte es zurück, »Mitte des Monats zieht sie ein und kurz vor Monatsende wieder aus. Dann ist es voll, dann haben sie alle Geld und die Einkaufswagen brauchen Stützräder.«

»Und die Volle, warum gähnt die nicht?«

»Die Volle kann das nicht. Sie füllt nur. Zum Gähnen braucht man Platz. Voll kann man nicht gähnen.«

Die gähnende Leere, analysierte ich, ein Artikel, ein Gerundium, ein Subjektiv. Wie die schleichende Inflation oder der laufende Meter. Was das Schleichen der Inflation anbelangte, da bin ich sicher, daß die sich vergeblich anstrengt. Sie ist der festen Überzeugung, daß man sie nicht bemerkt, wenn sie schleichenderweise daher kommt. Irrtum! Das weiß heute jeder, daß sie unsere Sparbücher plündert. Ob sie nun schleicht oder nicht. Da hätte sie sich nicht so bemühen und nur die Europäische Zentralbank fragen müssen.

Der laufende Meter war mir schon klarer. Er ist nach einem Fußballtrainer – ich glaube es war Dettmar Cramer – benannt. Den nannten sie so, weil er nur 1,61 Meter groß war. Obwohl ich das als ungerecht empfand, sie hätten ihn mindestens »Die laufenden 1,50 Meter« nennen müssen. Nur ein einziger Meter, das war nicht in Ordnung. Da wäre er ja kürzer gewesen, als die Eckfahne auf dem Fußballplatz lang ist.

Alles in allem, es half nicht weiter. Kein brauchbarer Analogieschluß möglich, weder der Meter noch die Inflation ließen sich mit der gähnenden Leere in eine sinnvolle Verbindung bringen. Also: Keine Vermutungen mehr, ich brauchte Fakten. Nägel mit Köpfen. Da meine Frau sich weigerte, weiter Auskünfte zu geben, mußte ich eben mir höchstselbst Klarheit verschaffen.

Meine Frage, ob sie vielleicht etwas zu kaufen vergessen habe, beantwortete sie mit einem mürrischen »Nein, nichts. Warum willst du das wissen?«

»Ich fahr nochmal zum Supermarkt.«

»Und warum?«

»Ich will mal mit der gähnenden Leere reden.«

»Du hast ja nicht alle Tassen im Schrank!«

»Wer alle seine Tassen im Schrank hat, hat da keinen Platz mehr für wichtige Dinge«, korrigierte ich.

»Na dann paß wenigstens auf, daß sie dich dort nicht in eine Zwangsjacke stecken. Auf solche wie dich warten sie da.«

Im Markt hatten sie hinter einem Tresen ein großes Schild angebracht, auf dem »Information« draufstand. Die mußten es also wissen, hier würde ich die ersehnten Auskünfte bekommen. Leider kam ich nicht sofort an die Reihe, die Information gilt auch als Rückgabe-, Umtausch- und Problembehörde. Vor mir vier Bewerber, der eine hievte ein Fernsehgerät auf den Tresen, das er vor der Fußball-Weltmeisterschaft gekauft hatte und nun nicht mehr brauchte. Auf die Frage der Informationsfrau, aus welchem Grund er das Gerät zurückgeben wollte, antwortete der Osmane nur kurz: »Türkei raus«. Daß sie schon in der Vorrunde gegen die Engländer ausgeschieden waren und somit in Brasilien überhaupt nicht antreten durften, schien ihn nicht hochgradig zu erschüttern. Es dauerte. Nach längeren Verhandlungen einigte man sich auf einen Gutschein.

Fortan ging es schneller. Die zweite, eine naturbelassene, luftgetrocknete, flachbeschuhte Frau mit einem Jutesack um den Hals erkundigte sich nach einem biologisch abbaubaren Teddybären. »Hab´n wir nicht«, die kurze Antwort. Es folgten zwei Jugendliche der Generation Facebook, die Auskunft erbaten, wann endlich das neue Smartphone lieferbar wäre. Mit der IP-Telefonie, dem Instant Messaging sowie den SHOUTcast und ICEcast Funktionen. Die Antwort war teddyknapp: »Hab´n wir nicht«, noch bevor die beiden nach WLAN und RealMedia fragen konnten.

»Kann ich Ihnen helfen, junger Mann«, lächelte mich die Hintertresenfrau an, als ich an der Reihe war. Ein Schild an ihrer graublauen Uniform wies sie in roten Buchstaben auf weißem Untergrund als Frau Bleibaum-Grauschopf aus.

»Ich weiß nicht, ob sie das können, ich suche jemanden.«

»Wen denn?«

»Das ist ja mein Problem, ich weiß nicht, wie sie aussieht, ich weiß nur, daß sie gähnt.«

»Daß sie was?«

»Sie gähnt, ich suche die gähnende Leere. Meine Frau war vorhin hier, und sie sagte, daß jene heute hier im Markt anwesend sei. Und die suche ich nun, ich möchte mit ihr sprechen.«

Frau Bleibaum-Grauschopf sah mich nachdenklich von der Seite an. In ihrem Gehirn schien es zu rumoren. »Die gähnende Leere«, murmelte sie, »die gähnende Leere, von der hab´ ich schon mal was gehört.«

Ihr Kopf arbeitete an einer Antwort.

»Ich weiß nicht«, sagte sie schließlich, »ich glaube, wir haben hier niemanden, der Leere heißt.«

Sie dachte nochmals nach, noch angestrengter. »Höchstens die beiden Azubis, die bei uns in die Lehre gehen, die gähnen von morgens bis abends. Aber die heißen Wolf und Willi. Tut mir leid, aber ich weiß es nicht.«

»Wer weiß es denn?«

»Vielleicht der Chef, den könnte ich mal fragen.«

Sie nahm das Telefon. »Herr Mauser, hier sucht jemand eine Frau, die Leere heißt«

»Welcher Name?«

»Leere.«

»Welcher Vorname?«

Bleibaum-Grauschopf wendete sich mir zu.

Ich schüttelte mit dem Kopf.

»Weiß er nicht.«

»Hab´n wir nicht, schallte es aus dem Hörer, offenbar die hauseigene Standardantwort auf alle Fragen. »Wie sieht sie denn aus?«

Ich wiederschüttelte.

»Weiß er auch nicht, nur daß sie gähnt.«

»Dann kann es nur eine an der Kasse sein, die langweilen sich, wenn es so leer ist. Vielleicht ist es auch die ganz hinten in der Getränkeabteilung, die, die Flaschen sortiert. Aber die heißt nicht Leere, das ist Roswitha, eine frühere Lehrerin.

Ich erinnerte mich an das Ein- und Ausziehen. Bleibaum-Grauschopf gab mir das Telefon.

»Meine Frau behauptet, die Leere zöge ab und zu aus, käme dann aber wieder. Hilft Ihnen das weiter? Nimmt sie beim Ausziehen was mit, fehlt dann irgend etwas?«

»Sie meinen, die Frau zieht sich aus? Hier in unserem Markt?« entrüstete sich Mauser.

»Ich meine nicht, daß sie sich auszieht, nur daß sie aus dem Laden verschwindet. Auszieht ohne sich. Einfach so. Und ob sie dabei etwas mitnimmt.«

»Glaube ich nicht, bisher war die Inventur immer korrekt.«

Ich ließ einen Moment vergehen.

»Warum zieht sie überhaupt aus?« fragte ich dann, »kommt sie mit den anderen nicht klar oder wird sie gar gemobbt?«

Mauser´s Stimme wurde ärgerlicher.

»Wie soll denn jemand gemobbt werden, der gar nicht da ist?«

»Aber sie geht doch nur weg, weil die Fülle sie herausdrängt hat.«

»Wer ist denn nun wieder die Fülle?«

»Das weiß ich auch nicht, das ist ja die Frage, die ich der Leere stellen wollte.«

Ruhe in der Leitung. Vermutlich schöpfte er. Er schöpfte Verdacht, ich wolle ihn veralbern.

»Ich denke, Sie haben nicht alle Tassen im Schrank«, so seine gereizte Unterstellung.

»Hat mir meine Frau auch gesagt, aber es hat mir nicht sonderlich weitergeholfen.«

Als ich wieder zu Hause war, schlich ich in mein Zimmer. Ich versuchte, meiner Frau auszuweichen. Ging schief. Jemand von der Polizei hätte angerufen, berichtete sie, sie hätten einen Platz für mich. Falls ich das Angebot annehmen möchte, bräuchte ich mich nur zu melden. Mir stünde ein Raum zur Verfügung, nicht sehr groß, aber nur für mich ganz allein und völlig leer. Und wenn ich unbedingt auf dem Gähnen bestehen sollte, könne ich das solange ungestört tun, wie es mir beliebte. Es bestünde keinerlei Gefahr, daß sich die Zelle füllen würde.

Ortsrat Null

Keine Kirche, weder Fried- noch Bahnhof, kein Bäcker, kein Gemischtwarenladen, nicht mal ein Kiosk. Nichts. Nur eine Kneipe, die sowohl als Dorfgemeinschaftshaus als auch als ständiges Asyl für die örtlichen Saufbrüder dient. Dort sitzen sie so gut wie jeden Abend zusammen und analysieren die politische Lage. Im Dorfkrug, dem Epizentrum der Intelligenz.

Heinbüll, ein Dorf irgendwo in Ostfriesland. Das einzige in dieser Gegend, das im Winter im Straßenzustandsbericht namentlich erwähnt wird. Die Meldung »Achtung! Zwischen Emden und Aurich verstärkter Schneefall« wird durch den Zusatz »Bei Heinbüll in beiden Fahrtrichtungen« ergänzt. Soweit zur örtlichen Intelligenz.

Letzten Mittwoch ging es um die anstehenden Ortsratswahlen. Zwei Parteien standen zur Wahl. Wie immer: Schwarz und Rot. Die Grünen verzichteten auf eine Kandidatur, sie hatten zum Ärger der Eingeborenen den geplanten Bau des Schützenheimes verhindert. Der Lebensraum des fliedergeschneiterten, albanischen Kunststoffschmetterlings werde durch dieses Bauwerk vernichtet, so ihre Begründung. Der Schmetterling entging somit seiner Vernichtung, nicht aber die Hoffnung auf ein paar Stimmen der nichtgrünen Einwohner. Das für den Wahlkampf geplante Geld verwendeten sie für die Wiederansiedlung des biologisch abbaubaren, alkoholfreien Sumpfschwanzkorns. Die Gelben waren ohnehin von der politischen Bühne verschwunden, sie hatten ihre Aktivitäten schon zu der Zeit eingestellt, als die Post die parteifarbigen Briefkästen demontierte. Blieben also nur noch Rot und Schwarz.

Die politische Lage hatte sich in den letzten Wochen zugespitzt. Der Rat in der Kreisstadt hatte die Anzahl der bisherigen Ortsräte aus Kostengründen von drei auf einen reduziert. Mit Brief und Siegel. Ewald, der noch amtierende schwarze Bürgermeister hatte die aus den Wolken gefallene Nachricht überbracht.

So saßen sie nun fassungslos im Dorfkrug und überlegten. Das heißt, wenn man das konfuse Chaos als überlegen bezeichnen kann. Sie redeten alle, fatalerweise gleichzeitig. Redner gab es genauso viele wie Anwesende, Zuhörer nicht, Pfarrer Ambros mal ausgenommen. Der saß still vor seinem Bier und schien in dem Glas nach Bibelsprüchen zu suchen. »Schweinerei«, kreischten die Schwarzen, »nun reicht´s, wir haben die Schnauze voll.« Voll womit, das verrieten sie nicht. Vielleicht wußten sie es nicht oder es war so geheim, daß sie es vergessen hatten. »Einer reicht«, schrien die politischen Schwarz-Gegner, »wenn sich drei um nichts kümmern, kann das ein einziger auch.«

Paul, vergilbter Gelb-Anhänger, seines Zeichens Jurist, war dafür, den halbierten Ortsrat ganz zu streichen. »Rechnen kann er auch nicht«, murmelte Klaus Elberfeld, abgebrochener Mathematikstudent, vor sich hin. »Er war Jurist und auch sonst von mäßigem Verstand« ergänzte Krake, ausgebildeter Weltverbesserer und hauptberuflicher Anarchist. Fischfachverkäufer Hinner stimmte dem gelben Streicher zu, er stufte den Ortsrat schon seit langer Zeit als unfähig und damit überflüssig ein. »Die merken doch nicht mal, wenn sie die Wahrheit in den Arsch beißt«, pflegte er zu sagen.

So tobte das Gezeter und Gekeife hin und her, dann wieder hin und nochmals her, es schien kein Ende zu nehmen. Bis sich Beppo meldete. Anerkannter Dorfdepp, der das

Recht auf Dummheit als Teil des Rechtes auf freie Persönlichkeitsentfaltung beanspruchte. Siggi bedeutete ihm zwar noch, er möge das Maul halten bis er aufgerufen würde, aber es war zu spät.

»Wenn es nur noch einen Ortsrat gibt«, sagte er, »wie issn das dann mit der Demokratur? Da braucht man doch auch eine Ops..., eine Opps....«

»Opposition«, ergänzte Siggi.

»Richtig«, bestätigte Beppo, »wenn aber nur einer da ist? Dann doch lieber keiner.«

Beppo dachte einen Augenblick nach. In seinem Kopf schien es zu gewittern. Er rechnete.

»Null ist immer noch besser als gar nichts«, sagte er schließlich.

»Mein Gott Walter«, seufzte Klaus, »kann der nicht einmal seine Klappe halten. Rechnen, das ist was für Erwachsene.«

Klaus, der ob seiner ungeahnten mathematischen Fähigkeiten bereits den Status einer heiligen Dorfkuh erreicht hatte, mußte es wissen. Es ging das Gerücht um, er hätte schon mal bis unendlich gezählt. Einige meinten, sogar schon zweimal.

»Das ist ganz einfach«, meldete sich Oskar zurück, ohne Beppos Einwurf zur Kenntnis zu nehmen, »der eine bildet eben eine große Koalition. Machen die in Berlin doch auch.«

»Du bist doch wirklich blöder als ein toter Hamster«, widersprach Qualle. »Eine Koalition aus Regierung und Opposition. Das gibt´s nirgends, nicht mal in, in ...«

»In der Inneren Mongolei«, ergänzte Siggi. Eine Koalition geht nicht, höchstens eine Rotation, so wie Jogi Löw das mit der Nationalelf macht.«

Oskar überlegte. Oder dachte. Ansehen konnte man ihm das nicht, er sah immer so aus. Das mit dem blöden Hamster hatte er Qualle übelgenommen.

»Richtig« sagte er und schlug sich auf Siggis Seite, »eine Rotation wäre besser. Dann kann der Ortsrat allein um sich herum rotieren.«

»Das hat er doch schon immer so gemacht«, warf Krake ein, »rotieren. Außer Rotieren kann er nichts. Jedenfalls hat er noch nie was hingekriegt, er kann immer nur erklären, warum etwas nicht geht. Wie es gehen könnte, das weiß er nicht.«

»Einmal Rot, einmal Schwarz«, fuhr Oskar unbeirrt fort, »einmal Regierung, einmal Opposition.«

»Wäre auch sehr praktisch für die Ortsratssitzungen«, sagte Eberhard, »die dauern dann nicht mehr so lange. Niemand muß feststellen, ob sie alle da sind und was sie beschließen dürfen, bei Abstimmungen brauchst du keine Gegenprobe mehr, wir könnten viel schneller zum Trinken kommen.«

»Und wir brauchen nicht mehr zu wählen, wir nehmen wieder Ewald und lassen ihn rotieren.«

»Und zu den Ortsratssitzungen müssen wir auch nicht mehr hin. Das kann Ewald alleine machen, wir fragen ihn in der Kneipe, was raus gekommen ist.«

Dann bestellten sie eine Runde und sangen ihr übliches Schlachtlied »Überall, wo wir sind, scheint die Sonne.«

Blitzer privat

Es fing damit an, daß meine Frau gedroht hatte, daß sie, der Höhe des Strafbetrags entsprechend, etwas höllisch Gräßliches kaufen und es mir tagtäglich auf den Frühstückstisch stellen würde, wenn ich wieder in eine Radarfalle geriete. Zur Warnung und Erinnerung. Hatte nicht viel genutzt, letzte Woche war es wieder passiert. Wert des Vorfalls: Zehn Euro. Weder Schule noch Kindergarten in der Nähe, auch kein Erwachsener in Sicht, weder Autos vor noch hinter mir, aber eben sieben Stundenkilometer zu viel. Nach zähen Verhandlungen und ob des geringen Betrags verzichtete sie auf die Umsetzung ihrer Androhung. Für zehn Euro kriegst du ja heute nichts mehr, nicht mal etwas brauchbar Gräßliches, ihre Begründung. Und außerdem würden sie das Geld bitter benötigen.

»Warum eigentlich?« hatte ich gefragt.

»Na ja, sie haben es bestimmt fest in ihren Haushalt eingeplant. Und eigenes Geld verdienen sie ja nicht, also müssen sie es von dir holen«, so ihre Behauptung.

»Ich könnte das Geld auch brauchen.«

»Aber du hast keinen Blitzer.«

»Dann kaufe ich oder verschaffe mir eben einen. Irgendwo werden sie doch noch einen kaputten herumstehen haben. Den peppe ich auf, pflanze ihn an den Straßenrand und kassiere. Oder ich kaufe mir eine Lizenz und miete einen. Es gibt vielerlei Möglichkeiten.«

»Das wird nicht gehen, die lassen sich das nicht aus ihren gierigen Fingern nehmen.«

»Aber ich könnte ihnen zumindest Konkurrenz machen.«

»Wie willst du das denn anstellen?«

»Ich mache Werbung für meinen Blitzer. Daß er seine Energieversorgung ausschließlich aus regenerativen Quellen bezieht, daß er biologisch abbaubar und völlig emissionsfrei ist. Die Grünen werden begeistert sein.«

»Und du meinst, das reicht? Das wird die Raser aber höchst erfreuen, daß sie einen regenerativen, biologischen Strafzettel kriegen. Den bezahlen sie bestimmt gerne. Vielleicht freiwillig sogar etwas mehr.«

»Dann offeriere ich halt attraktive Angebote. Im Internet, auf Plakaten, in Zeitungen.«

»Welche Angebote?«

»›Kommen Sie zu uns, wir blitzen billiger‹.«

»Wieso sagst du uns. Es ist dein Blitz.«

»Ich denke, du bist dabei. Wir machen ein Familienunternehmen daraus.«

»Dann mußt du aber auch die Familie in deine Werbung einbeziehen!«

»Wie denn?«

»Na ja, ›Unser Blitzer blitzt familienfreundlich. Fünf Prozent Rabatt auf jedes hinten sitzende Kind‹ zum Beispiel.«

»Und die ohne Kinder?«

»Denen schlagen wir ein Abo vor. Zwanzig Prozent auf alle Blitze für ein Jahr. Wenn Sie jetzt sofort buchen, bekommen Sie gratis die Broschüre ›Blitze und andere Naturerscheinungen‹ dazu.«

Sie begann, sich an dem Familienunternehmen zu beteiligen.

»Sommerblitz-Ausverkauf, die ersten hundert zahlen nichts«, schlug sie vor. »Vier Blitze, nur drei bezahlen, ginge auch. Mit den Rabatten mußt du noch mehr machen. ›Pro Blitz einen Treuepunkt‹, könntest du anbieten.«

»Wie ›Sonderaktion Ferien. Zwanzig Prozent auf alles‹ oder ›Zehn Prozent Blitzrabatt am Wochenende‹?«

»So machen wir es. Und vergiß die Frauen nicht! Die brauchen eine sensiblere Behandlung.«

»Warum das denn?«

»Weil die Blitzerfotos entsetzlich sind. Und dazu auch noch schwarz-weiß. Erinnere dich an dein letztes. Da siehst du aus wie ein hundertjähriger Untoter! Solche Bilder erschrecken Frauen. Sie haben davor mehr Angst, als vor dem Strafzettel. Da muß dir etwas einfallen!«

»Dann verspreche ich, daß unser Gerät frauenfreundlich blitzt. ›Die Fotos unserer Verschönerungsblitze lassen Sie mindestens zehn Jahre jünger aussehen‹. Ich mache das mit sanften Farben und Weichzeichnerfiltern. Vielleicht gehen sie dann auch wegen eines Paßfotos nicht mehr zum Fotografen, sondern kommen zu uns.«

»Und wenn das alles nicht funktioniert, wenn keiner kommt oder alle an unserm Blitz vorbei schleichen?«

»Wir könnten Kettenblitze einrichten, drei Stück, alle hundert Meter einen. Am ersten schleichen sie vorbei, erleichtert geben sie wieder Gas, freuen sich über die abgewendete Gefahr. Wenn sie den zweiten erspähen, ist es bereits zu spät. Notfalls faßt sie der dritte. Ist aber eine teure Investition. Ich denke, wir fangen mit einem einzelnen an.«

»Wir nennen ihn nach einem der Vierzehn Nothelfer, wir nehmen Nikolaus von Myra,« schlug sie vor.

»Aber das ist ein Mehrzweckheiliger, der ist auch für die Bierbrauer, Bäcker und Schnapsbrenner verantwortlich. Außerdem gehört er nicht zu den vierzehn. Und mit unserem Blitz hat der überhaupt nichts zu tun.«

»Dann schaue ich mal bei Google nach, es wird doch einen Blitzheiligen geben«, sagte sie und verschwand in ihrem Zimmer. Es dauerte.

»Ich habe einen ganzen Sack voll gefunden«, triumphierte sie, als sie zurückkam, »ich habe schon einen ausgesucht,

Thomas von Aquin, er gehört zwar nicht zu den Vierzehn Nothelfern, eher zu den Sekundärheiligen, aber er ist neben Blitzen auch für Gewitter zuständig.«

Sie setzte kurz ab.

»Was machen wir nun?«

»Ich spreche mit ihnen.«

»Mit wem?«

»Na, denen von der Stadt, der Gemeinde, der Kommune von sonst etwas.«

»Geht´s nicht genauer?«

»Ich fange bei der Bürgeranlaufstelle an.«

»Du willst sie anlaufen, kannst du nicht telefonieren?«

Das ist das Schöne in unserem kleinen Städtchen, im Rathaus findet sich immer jemand, der sich um Bürgerprobleme kümmert. Kein langes Gerede, kein Ablehnen der Zuständigkeit, Hilfe kompetent und prompt.

Am Telefon meldete sich ein Automat: »Unsere Mitarbeiter befinden sich alle in einem Kundengespräch. Wir verbinden Sie mit dem nächsten freien Mitarbeiter.« Dann Mozarts Kleine Nachtmusik. Alle Mitarbeiter in nur einem einzigen Gespräch! Mußte sich wohl um ein aufregendes Thema handeln. Noch dreimal Mozart, dann knackte es in der Leitung: »Guten Tag, hier ist das Bürgerbüro, Sie sprechen mit Frau Rica Costa. Was kann ich für Sie tun?«

»Sind Sie sicher«, fragte ich, daß Sie nicht umgekehrt heißen?«

War der Versuch eines Scherzes, kam aber nicht an.

»Wollen Sie über meinen Namen diskutieren oder haben Sie eine Frage?«

Fing ja gut an. Wenn man auch schon Rica heißt! Ist ja kein Vorname, eher eine Diagnose. Ich täte gut daran, so befand ich, mein Anliegen behutsam vorzutragen. Wer weiß, ob sie sonst nicht sofort den Hörer auflegte.

»Ich möchte gerne wissen, wer in der Stadtverwaltung für die Starenkästen zuständig ist, ich .....«

»Das sind nicht wir, das sind die von NABU.«

Die Antwort kam prompt, noch bevor ich meine Frage beendet hatte.

»Die meine ich nicht, ich meine die Blitzer an den Straßen«, korrigierte ich.

»Warum sagen Sie das nicht gleich? Und warum wollen Sie das wissen?«

»Weil ich mir einen Blitzer kaufen und dafür eine Lizenz beantragen möchte. Und ich weiß nicht, an wen ich mich wenden muß.«

Stille in der Leitung, dann hörte ich etwas fauchen. Entweder den Kaffeekessel oder Rica Costa.

»Was wollen Sie denn mit dem Blitzer?«

»Na, blitzen natürlich.«

»Was möchten Sie tun?« fragte sie mit der Betonung auf ›was‹?«

Ich wußte nicht, was da so schwer zu verstehen war, ein Radler radelt, ein Pfleger pflegt, ein Säufer säuft und ein Blitzer blitzt eben. Was sollte er sonst auch tun, mehr kann er ja nicht.

»Ich möchte einen Blitzer kaufen oder mieten und ihn an den Straßenrand stellen. Und ich möchte wissen, bei wem ich dafür eine Lizenz beantragen kann.«

»Können Sie bei uns, wird ganz schnell entschieden.«

»Wie schnell?«

»Sofort.«

Na siehste, dachte ich, geht doch, man muß mit den städtischen Angestellten eben nur richtig umgehen können, die Sache war so gut wie geritzt.

»Dann beantrage ich eine Lizenz«, sagte ich hocherfreut.
Rica benötigte keine fünf Sekunden.
»Antrag abgelehnt«, verkündete sie.
»Aber Sie haben doch gesagt, daß …..«
»Hören Sie«, sie wurde etwas lauter, »für so einen Schwachsinn haben wir nicht mal ein Antragsformular. Die Geschwindigkeitsüberwachung auf den Straßen ist eine hoheitliche Aufgabe, da kann nicht jedermann blitzen, wie er will.«
»Will ich ja überhaupt selbst nicht tun, das soll ja mein Blitzer machen«, trotzte ich.
Das Fauchen war verschwunden, der Kaffee hatte offensichtlich mit dem Kochen aufgehört. Rica Costa fing damit hingegen jetzt erst richtig an.
»Sie nehmen doch nicht etwa Drogen?«
Nicht, daß sie schrie, aber ihre Stimme wurde noch lauter.
»Nochmal, wenn hier jemand blitzt, dann sind wir das. Wir bestimmen, wer, wann und wo es blitzt. Sonst niemand!!«
»Und wo blitzen Sie?«
»Na da natürlich, wo wir das meiste Geld kriegen.«
»Genau das will ich auch«, stimmte ich zu. »Und ich kann das besser, mein Verfahren ist viel kundenfreundlicher und trägt darüber hinaus auch zum Ansehen der Stadt bei, zum sanften Tourismus, zu der Energiewende, zu ….. .«
»Was meinen Sie damit?«
»Mein Blitzer bezieht seine Energie ausschließlich von Windrädern, aus …… .«
Sie unterbrach mich.
»Und was machen Sie, wenn es nicht weht?«
Ja, was mache ich dann? Auf diese Frage war ich nicht vorbereitet. Ich hätte ihr zwar sagen können, daß ich für derartige Fälle noch zweiundvierzig Hamsterräder in Reserve hätte, aber dann hätte sie sicher das Gespräch abgebrochen.

»Dann schalte ich meinen Blitzer ab«, antwortete ich schließlich, »Blitzstillstand wegen Energiemangel der Stadtwerke.«

Wieder Stille in der Leitung.

»Und was den Fremdenverkehr anbelangt«, fuhr ich fort, »habe ich in meinen Prospekten auch ein attraktives Freizeitangebot, ›Mit dem Heideblitzer nach Lüneburg‹, das müßte Ihren Tourismusverband doch interessieren!«

»Sie wollen in der Heide Blitzer aufstellen?«

»Brauche ich nicht, es reicht, wenn die Blitze von oben kommen, ich habe zwei Kaltblüter und eine Kutsche. Die heißt ›Heideblitz‹.«

Ich hatte ihr Panikzentrum getroffen. Konnte ich förmlich spüren, es kroch wie ein Lindwurm durch die Telefondrähte. Ihre Stimme überschlug sich.

»Sie haben sie doch nicht mehr alle, ist das Altersstarrsinn oder Medikamentenmißbrauch«, schrie sie. »Das können Sie sich aus dem Kopf schlagen, und wenn Sie das nicht allein schaffen, dann fragen Sie doch mal Hannes, der kann das.«

»Wer ist Hannes?«

»Mein Neffe. Der ist Rausschmeißer in der Diskothek. Wenn der zuschlägt, erinnern Sie sich an nichts mehr.«

Sagt ich´s doch. Das ist das Schöne in unserem kleinen Städtchen, in unserem Rathaus findet sich immer eine freundliche Seele, die die Kümmernisse der Bürger beseitigt. Kein langes Gerede, da wird gehandelt. Gesetzgebende, rechtsprechende und ausführende Gewalt, alles vereint in einer Hand. Entscheidung sofort.

Vergrabener Hund

Obwohl er in einer großen Firma tagtäglich große Teile zusammenschraubte: Ein bedeutender Schrauber war Herbert nicht. Was sein Wissen um sein Auto betraf - ein sehr altes Exemplar, das verdächtig nach Müllkippe aussah - gelangte er sehr schnell an seine Grenzen. Ihm war bekannt, wie viele Räder es hatte, daß es einen Motor gab und ein Getriebe und ein paar Dinge mehr. Was sich aber genau dahinter verbarg, das wußte er nicht. Am ehesten konnte er Autos nach deren Farben unterscheiden. Was ihn aber nicht daran hinderte, ab und zu an seinem Auto herumzuschrauben und kleinere Reparaturen durchzuführen. Mit mehr oder weniger Erfolg, sagen wir, meistens mit weniger.

Hatte er ein Teil erfolgreich repariert und betrachtete stolz das vollendete Werk, war oft ein anderes kaputt gegangen. Kollateralschäden, nannte er das. Hatte er das andere dann wieder in Ordnung gebracht, machte sich ein neues Unglück auf den Weg. Herbert schraubte und schraubte, mitunter so lange, bis er letztlich wieder am Ursprung der Fehlerkette landete. Er behauptete, das sei eben so, ein derart altes Auto müsse man schließlich geduldig und gefühlvoll behandeln. Frieda schätze Herberts Mechanikerfähigkeiten mit Vier minus nach Fünf tendierend ein. Sie umschrieb seine Verfahrensweise mit dem Wort »verschlimmbessern«, was häufig zu einer erbosten Diskussion führte. Eine Vier minus hielt er für einen gezielten persönlichen Angriff, er schlug Frieda eine Zwei plus vor, Frieda ließ sich zu einer Vier plus überreden. Letztlich einigten sie sich dann auf eine glatte Drei.

An einem Samstagvormittag beschloß Herbert, das linke Bremslicht in Ordnung zu bringen. Die Lampe funktionierte schon seit längerer Zeit nicht mehr, einige Verkehrsteilnehmer hatten ihn schon mehrfach durch heftiges Blinken darauf aufmerksam gemacht. Eine derartige Kleinigkeit mochte er nicht einer Werkstatt überlassen, wäre doch gelacht, wenn er das nicht allein hinkriegen würde.

Er kramte sein komplettes Werkzeug hervor - zwei Schraubenzieher, eine Wasserrohrzange, einen Hammer sowie einige Inbusschlüssel, - und machte sich ans Werk. Zuerst war das Gehäuse des Bremslichts zu öffnen, irgendwie mußte er ja an die dahinter verborgene Lampe gelangen. Aber wie er sich auch mühte, er konnte nicht herausfinden, wie er das bewerkstelligen sollte. Nirgends ein Teil zu sehen, das sich ab- oder aufschrauben ließe. Herbert grübelte. Wenn sie es zusammengesetzt haben, muß das doch auch wieder auseinandergehen, so seine logische Folgerung, das werden sie doch wohl nicht mit Patex angeklebt haben. Er grübelte weiter, bis ihm, so gegen Mittag, die rettende Idee kam: Das allwissende Buch. »Jetzt helfe ich mir selbst«, hieß es, in dem beschrieben stand, wie man den bekannten Nippel durch die Lasche ziehen sollte.

»Kommst du nicht bald herauf, das Essen ist gleich fertig?« hörte er Frieda aus der Küche rufen.

»Komme gleich«, rief Herbert zurück, »ich muß nur noch schnell was lesen.«

»Warum willst du denn im Auto lesen? Das könntest du doch auch hier im Wohnzimmer tun.«

Herbert verweigerte die Antwort auf die unqualifizierte Frage. Keine Ahnung, die Frau, aber eine Vier minus sorglos verteilen, das konnte sie.

»Öffnen Sie zuerst den Kofferraum«, las er.

Herbert öffnete.

»Entfernen Sie die graue Plastikabdeckung an der Innenseite neben dem Wagenheber«, las er weiter.

Er kroch in den Kofferraum und entfernte. Dahinter würde sich vermutlich das Gehäuse der Lampe verbergen.

»Nun komm endlich zum Essen, sonst wird es kalt!«

»Bin gleich da.«

»Schrauben Sie die diagonalen Schrauben der Abdekkung mit einem Kreuzschlitzschraubenzieher auf.«

Na also, das war der Knackpunkt. Das Gehäuse ließ sich von der Rückseite öffnen. Gleich würde er an die Lampenfassung gelangen. Er brauchte nur noch den richtigen Schraubenzieher dazu zu finden. Vielleicht hatte sich ja so ein Zieher in irgendeiner Kellerkiste versteckt.

»Wenn du nicht kommst, esse ich allein!«

»Bin schon da«, rief er zurück und machte sich auf den Weg in die Küche. Er wollte Frieda nicht über die Maßen warten lassen, er befürchtete, sie würde sonst die glatte Drei in eine Drei minus verwandeln. Wegen Überschreitung der Reparaturzeit. Den Schraubenzieher würde er später finden.

»Na endlich«, bemerkte Frieda, »konntest du es denn wenigstens reparieren?«

»Noch nicht, aber ich hab´s gelöst, ich weiß jetzt, wo der Hund begraben ist.«

»Welcher Hund denn?«

»Weiß ich nicht, ist halt so eine Redensart.«

Herbert überlegte eine Weile.

»So wie des Pudels Kern«, fügte er dann hinzu. »Stammt vom Faust.«

»Von wem?«

»Vom Faust, dem Ersten. Dem von Goethe. Während eines Osterspaziergangs mit Wagner, als aus dem Pudel der

Mephisto wurde. ›Das also war des Pudels Kern‹, soll er damals gesagt haben.«

»Der Mephisto?«

»Der Faust.«

»Und Wagner?«

»Der hat nur zugehört, gesagt hat er nichts.«

»Und, ….. haben sie ihn begraben?«

»Wen?«

»Den Pudel. Einer von den dreien mußte es doch getan haben. Du hast doch gesagt, daß du jetzt weißt, wo der Hund begraben ist.«

Herbert versuchte zu lächeln, aber es gelang ihm nicht. Nicht, daß er Frieda für beschränkt hielt, aber manchmal schien es, sie verstünde nicht, was sie da von sich gab. Er war davon überzeugt, daß Friedas Kenntnisse auf diesem Gebiet noch unter seinem Wissen um Autofarben lagen. Faust begräbt den Hund zusammen mit Wagner! »Mein Gott, da wird doch der Storch in der Pfanne verrückt!« murmelte er.

Er hatte zwar leise vor sich hin geflüstert, aber Frieda hatte es verstanden.

»Der Hund, es ist ein Hund, der in der Pfanne verrückt wird«, widersprach sie.

»Ich meine den Storch. Den gebratenen. Da brat´ mir doch einen Storch«, sagt man.

»Mag sein, aber der Verrückte in der Pfanne ist ein Hund.«

»Kann nicht sein, der Hund ist nicht in der Pfanne, sondern tot.«

»Wieso das?«

»Habe ich dir doch gerade erklärt. ›Da liegt der Hund begraben‹, habe ich gesagt. Und wenn er schon begraben ist, was soll er denn in der Pfanne?«

»Und was hat der Storch damit zu tun? War das auch einer von den Dreien, der den Storch verbraten hat? Traue ich denen jedenfalls zu. Wenn man schon Faust heißt, das riecht doch förmlich nach Gewalt.«

Herbert ahnte, wie sich das Gespräch weiterentwickeln würde. Frieda hatte keine Ahnung von Literatur. Vor kurzem hatte sie stur und unnachgiebig behauptet, Lohengrin stamme aus Lothringen und sei der Hauptdarsteller in einer Oper von Strauß. Nach einer halben Stunde leidiger Auseinandersetzungen hatte Herbert insgeheim den Himmel gebeten, es möge ihn ein Bus überfahren. Hatte aber damals nicht geholfen. Deshalb verzichtete er auf ein wiederholtes Gesuch, öffnete eine Flasche Bier und schüttete seinen Mißmut antwortlos in den Hals.

Frieda nickte vor sich hin. Sie kannte das, wenn Herbert intellektuell überfordert war, griff er zum Bier. Er kannte sich mit Redensarten eben nicht so aus.

Sie hatte den Hasen gesalzen und und gepfeffert, ihn mit den halbierten Karotten angebraten und ihn mit Lorbeerblättern, Nelken, Wacholderbeeren, Brühwürfel, etwas Essig und Zucker geköchelt.

»Du könntest mal den Tisch decken, er ist bald fertig.«

»Wer ist er, du hast gesagt, er sei bald fertig?«

»Hasenpfeffer, er, das ist der Hasenpfeffer.«

Herbert glaubte, seinen Ohren nicht zu trauen.

»Du hast den Hasen in Pfeffer gelegt?«

»Hab´ ich. In den Topf auf dem Herd.«

Sie stellte die Schüsseln auf den Tisch und setzte sich. Dann machte sie eine kleine Pause.

»Sagt man doch so. ›Da liegt der Hase im Pfeffer‹, sagt man. Eine Redensart.«

Sie ließ einen Moment verstreichen.

»Laß es dir gut schmecken, es schmeckt besser als Pudel mit Kern oder gebratener Storch.«

Dann setzte sie nochmals kurz ab und lächelte.
»Von einem vergrabenen Hund gar nicht zu reden.«

Mit Unfug und Unrecht

Sie räumte eine Ecke des Frühstückstisches frei, um die Tageszeitung auszubreiten. Besser gesagt, sie versuchte es. Der Elbeseitenkanal-Kurier hat zwar - was die Qualität seiner Berichterstattung anbelangt - kein übergroßes Format, für eine kleine Tischecke ist er dennoch zu groß. Also zog sie ihren Stuhl etwas zurück und nahm die Zeitung in die Hände.

»Sie werden die Gebühren für das Abwasser erhöhen«, las sie vor. »Mit Fug und Recht werden sie das tun, sagt der Wasserverband.«

Sie blätterte weiter, konnte aber keine zusätzlichen Informationen finden.

»Sie erhöhen einfach und schreiben nicht einmal wann, warum und wieso, was sagst du dazu?«

Ich sagte nichts. Um diese Zeit steht meine innere Uhr noch auf Mitternacht, mein Gehirn schlummert vor sich hin, es macht nicht die geringsten Anstrengungen, dies in baldiger Zukunft zu ändern. Tiefenentspannt. Es konnte sich nur dumpf erinnern, daß sie schon seit einer Weile mit einer Gebührenerhöhung gedroht hatten. Da die Menschen der Umwelt zuliebe endlich sparsamer mit dem Wasser umgingen, kämen sie mit der Abwassermenge und den Leitungsquerschnitten nicht mehr klar. Oder so ähnlich. Ob die Querschnitte die Schuldigen waren, wußte ich nicht mehr so genau. Aber daß es teurer würde, das schon. Da muß man auch nicht viel wissen, das ist immer so.

»Wer hat das denn geschrieben?« erkundigte ich mich mühsam. Es raschelte, sie suchte.

»Herr Lehmann«, sagte sie dann.

Herr Lehmann also, der Hüter der vom Aussterben bedrohten Wörter und Meister der falschen Bezüge. Der für den Schützenverein mit den Worten »Lernen Sie schießen und treffen Sie Freunde« geworben hatte. Nun hatte er offensichtlich »Fug und Recht« entdeckt.

»Er hätte besser ›mit Unfug und Unrecht‹ schreiben sollen«, grummelte ich.

»Aber das ist doch das Gegenteil«, behauptete sie.

»Ist es nicht. Zweimal negativ ist wieder positiv oder Minus mal minus gibt plus«, korrigierte ich.

»In der Mathematik vielleicht«, erwiderte sie, »aber nicht in der Sprache.«

»In der Sprache auch.«

»Gib Beispiel!«

Ein Beispiel also. Mein Gehirn suchte und suchte. Viel fiel ihm nicht ein.

»Es ist verboten, seinen Nachbarn anzuzünden.« sagte ich schließlich, »ist dasselbe wie: Es ist nicht verboten, seinen Nachbarn nicht anzuzünden.«

Einen Augenblick hatte ich den Eindruck, sie hätte aufgehört zu atmen. Sie schaute mich entsetzt von der Seite an.

»Bist du wahnsinnig?« schrie sie, »warum willst du denn alle unsere Nachbarn anzünden?«

»Doch nicht alle. Nur seinen Nachbarn, also einen einzigen, habe ich gesagt.«

»Und an welchen hast gedacht?«

»An überhaupt keinen. Du wolltest doch nur ein Beispiel. Das ist eines.«

»Aber ein ziemlich bescheuertes. Hast du kein anderes?«

Ein anderes. Dabei fand ich das ziemlich besonders, was meine grauen Zellen in so kurzer Zeit herausgefunden hatten. Es gab schon Zeiten, da hätte sich dieser Vorgang bis in den Nachmittag hingezogen.

Ein anderes, ein neuer Anlauf.

»Es ist verboten, seine Frau zu prügeln«, schlug ich vor.

Das blanke Entsetzen war zwar aus ihrem Gesicht gewichen, beruhigt hatte sie sich aber längst noch nicht.

»Ist das alles, was dir einfällt? Da war ja der angebrannte Nachbar noch besser. Hast du nicht was ohne Gewalt?«

»Ist doch nix mit Gewalt, eher das Gegenteil, es ist verboten. Man darf es nicht! Wenn man es dürfte hieße es ja ›Es ist nicht verboten, seine Frau zu prügeln‹. Es ist also erlaubt. Oder auch: ›Es ist verboten, seine Frau nicht zu prügeln‹, das ginge auch, das heißt, man muß. Aber wenn es doppelt verneint wird, ist es wieder untersagt. ›Es ist nicht verboten, seine Frau nicht zu prügeln‹, dann darf man es wieder nicht. Gewaltfrei also.«

Es war einigermaßen anstrengend. Mein Gehirn zeigte erste Erschöpfungsanzeichen und bat um Ruhe.

»Du meinst also wirklich ›Es ist verboten, seine Frau zu prügeln‹ ist gleichzusetzen mit ›Es ist erlaubt, seine Frau nicht zu prügeln‹?«

»So ist es.«

Sie dachte.

»Gilt das auch für Männer?« fragte sie dann.

»Na klar, spielt keine Rolle. Gilt auch für Finanzbeamte, Polizisten, Heiratsschwindler, Eierdiebe, …. »

»Es ist also erlaubt, seinen Mann nicht zu prügeln?« unterbrach sie.

»Sag´ ich doch.«

»Aber man muß ja auch nicht alles machen, nur weil es erlaubt ist.«

»Was meinst du damit?«

»Na ja, es ist doch zum Beispiel erlaubt, beim Staubsaugen

Musik zu hören. Aber man kann es auch lassen.«

»Wo ist der Pfiff?« fragte ich, »natürlich mußt du nicht Musik hören, wenn du nicht willst.«

»So ist es auch mit dem erlaubten Mann. Es ist erlaubt, ihn nicht zu verprügeln, aber man darf auch das Gegenteil tun.«

»Du willst mich also hauen?«

»Dich doch nicht.«

»Wen denn dann?«

»Den Lehmann vom Elbeseitenkanal-Kurier.«

Ich war einigermaßen beruhigt. Nicht weil ich befürchtete, sie könne mich verdreschen. Das hatte sie noch nie getan und sie konnte es auch nicht. Da fehlten ihr ein paar Kilos.

»Aber das ist doch nicht dein Mann!« widersprach ich.

»Du hast gesagt, das Prinzip funktioniere sogar bei Eierdieben, also auch bei Lehmann, dem mit dem Fug und Recht.«

»Wieso sagst du dem Fug?«

Sie dachte einen Augenblick nach.

»Weil er maskulin ist. Was soll er denn sonst sein? Der Fug macht es genau so wie das Recht.«

»Was hat das Recht denn damit zu tun?

»Es übernimmt den Artikel seines Gegenteils. Das Unrecht ist sächlich, somit das Recht auch. Der Artikel bleibt. So ist es auch mit dem Unfug und dem Fug. Beide sind maskulin.«

»Woher hast du diese absonderliche Regel?«

»Analogieschluss. Ist in allen Fällen so.«

»Beim Fall aber nicht.«

»Warum denn nicht? Der Fall, der Unfall.«

»Geht nicht. Weil Fall nicht das Gegenteil von Unfall ist. Nicht alles, was nicht fällt, führt gleich zu einem Unfall.«

»Sag´ ein Beispiel!!«

»Wenn der Apfel nicht weit vom Pferd fällt.«

»Du meinst vom Baum.«

»Also Baum. Wenn er nicht weit vom Baum fällt, bleibt er eben oben. Er bleibt ungefallen, niemand wird verletzt, demnach kein Unfall.«

»Blödes Beispiel, sag´ ein anderes!«

»Ein anderes was?«

»Ein anderes Fallbeispiel«

In meinem Kopf knackte es, wahrscheinlich ein Ermüdungsbruch. Noch eines. Das war bereits das dritte. Ein gewaltfreies ohne Anzünden und Prügeln wollte sie. Ein gefälliges Fallbeispiel.

»Also«, begann ich »also ….«

»Laß es sein«, hörte ich mein Gehirn flüstern, »laß es, es geht bestimmt wieder schief!«

»Also, was denn nun?« drängte sie.

»Also, wenn das Neujahr auf den 1. Januar fällt«, hörte ich mich sagen, »dann ist das ein der Regel entsprechender Fall. Das muß so sein, weil es so im Kalender steht. Wenn es aber zum Beispiel auf den 6. Januar fällt …«

»6. Januar geht nicht, da sind ja die Drei aus dem Morgenland unterwegs« unterbrach sie, »der Termin ist schon vergeben.«

»…… wenn es aber auf den 6. Januar fällt«, wiederholte ich unbeirrt, »ist es ein verfehlter Fall. Das Neujahr hat sich beim Fallen verpeilt. Es ist daneben gefallen. Also nur ein einfacher Neben-, kein ernsthafter Unfall.«

Der Eierwecker klingelte, sie ging in die Küche. Es geschirrklapperte, klirrte und klingelte weiter, wahrscheinlich benötigte sie die Zeit, um nachzudenken. Dann hörte das Klingeln auf.

»Das sagst du so einfach«, meinte sie, als sie zurückkam, »stell dir vor, du wärst einer der drei Morgenländer. Du läufst friedlich vor dich hin, denkst an nichts Böses, freust dich, daß das neue Jahr begonnen hat und plötzlich kracht dieses aus heiterem Himmel verspätet auf dich runter. Das geht doch nicht ohne Schaden ab. Da kannst du sehr wohl von einem Unfall reden!«

Sie machte einen Moment Pause.

»Oder etwa nicht?« fragte sie dann.

»Du meinst, das Neujahr könnte versehentlich einen der Heiligen treffen?« zweifelte ich.

»Ja sicher. Und das mit Knall und Fall.«

»Die Sterndeuter könnten ja auch ein bißchen aufpassen, wo sie da in der Wüste rumlaufen. Ab und zu mal nach oben sehen, ob da was angeflogen kommt.«

Sie stand da, sagte nichts. Unschlüssig. Es schien, als warte sie auf die Antwort auf eine Frage, die sie nicht gestellt hatte.

»Mehr fällt mir dazu wirklich nicht ein«, entschuldigte ich mich. »Ich frage mal den mit dem Fug und dem Recht, vielleicht weiß er ja, ob schon mal ein heiliger König durch ein Neues Jahr erschlagen wurde. Weil das Neujahr seinen Einsatz verpennt hatte und der Kalender aus den Fugen geraten war.«

»Das mache lieber nicht! So ein Schwachkopf ist Lehmann nun auch wieder nicht. Mit diesem Unfug tust du ihm Unrecht.«

»Aber gesetzt den Fall, er würde mal … .«

Ich glaube, ich erreichte sie nicht mehr, sie war bereits in der Küche verschwunden. Kann sein, daß ihr der Unfug auf den Nerv gegangen war. Mit Fug und Recht.

Gesetzter Fall

Wieder einmal saßen wir draußen, auf der Terrasse, tranken einen Sonnensenker und rückten die Welt zurecht. Den Einwand meiner Frau, dafür sei es um diese Uhrzeit noch zu früh, hatte Alberto mit der ihm eigenen pragmatischen Logik vom Tisch gewischt. Irgendwo in der Welt ginge jetzt mit Sicherheit die Sonne unter, so seine Begründung. Wohl wahr, irgendwo sicherlich. Aber nicht in unseren Breiten, unser Sundowner begleitete somit nicht einen südlichen heißen Sonnentag auf seinem Weg in die Nacht, sondern hatte eine viel unromantischere Aufgabe: Das Verhindern des nördlichen nachmittäglichen Erfrierens. Deshalb hieß unser Getränk auch nicht Bacardi, Caipirinha, Daiquiri oder Acapulco Dream, sondern schlicht und einfach Heidegeist. Hätte auch Glühwein sein können.

Das Problem Griechenland mit oder ohne Euro hatten wir bereits gelöst, den endgültigen Inbetriebnahmetermin für den Flughafen Berlin in das nächste Jahrhundert verlegt und uns der Verschiebung der Erdtemperatur zugewandt. Ungefähr drei bis vier Grad sollten es sein, darauf hatten wir uns bereits geeinigt. Wir waren gerade dabei, die noch fehlende Richtung zu diskutieren, in die sich diese Änderung bewegen sollte, als meine Frau auf der Terrasse erschien.

»Wenn ich jetzt zum Einkaufen führe, würdet ihr euch dann alleine um die Vorspeise kümmern?« fragte sie.

»*Chiaro*«, antwortete Alberto, »kein Problem, *non te preoccupare!*«

»Aber warum mußt du denn einkaufen?« fragte ich erstaunt, »das hast du doch schon gestern gemacht.«

»Muß ich ja nicht, ich habe nur gesagt, gesetzt den Fall, ich führe.«

Hätte sie etwas glücklicher formulieren sollen. Und vor allem leise. Alberto wurde hellwach.

»Du hast Fall gesetzt?« fragte er, »Fall sitzt?«

Ich konnte nicht erkennen, ob er die Frage ernst meinte. Ich vermutete, daß er dabei war, eines seiner Spielchen zu beginnen. Sie antwortete nicht. Wahrscheinlich teilte sie meine Vermutung.

»Sie setzt keinen Fall, sie meint die Fallgesetze«, versuchte ich, ihr beizustehen.

Meine Frau grinste, Alberto nicht.

»Wer hat gemacht?« fragte er.

»Gemacht was?«

»Fallgesetze.«

»Nicht gemacht, erfunden«, erklärte ich, »Aristoteles und Galilei waren es. Der Grieche hat damit angefangen, aber er hat es vermasselt, der Italiener mußte es gerade biegen.«

Ich hatte vermutet, er hätte es genauer wissen wollen, nach dem Wie und Warum gefragt. Hätte ich wunderbar erklären können. Machte er aber nicht. Er hatte sein Urteil bereits gefunden.

»*Come sempre*«, befand er, »wie immer, Griechen noch nie was richtig gemacht«, und schenkte den Heidegeist-Sundowner nach.

Meine Frau wartete immer noch auf die Beantwortung ihrer Frage.

»Was ist nun, gesetzt den Fall«, wiederholte sie, »gesetzt den Fall, ich fahre einkaufen, könntet ihr eben ....«

»Also willst du doch Fall setzen?« unterbrach Alberto. Nun grinste auch er.

Sie hatte verstanden, ein Spiel. Sie wechselte die Taktik.

»Will ich nicht. Er hat sich schon«, sagte sie.

»Sich schon was?« fragte Alberto.

»Na, gesetzt.«

Alberto schaute mich unschlüssig an. Damit hatte er nicht gerechnet.

»Du meinst, vorher stand er?« half ich. »Geht ja nicht. Fälle können nur fallen, nicht stehen«, deswegen heißen sie ja so. Wenn nicht, hießen sie Stände.«

Sie überhörte die Bemerkung, dachte nach. Angestrengt. Wir warteten.

»Noch nie was von einem anstehenden Fall gehört?« fragte sie schließlich.

»Gibt´s nicht«, behauptete ich.

»Aber wie«, entgegnete sie. »Kannst du im Elbeseitenkanal-Kurier nachlesen: ›Im anstehenden Fall bezweifelt die Verwaltung allerdings, daß die Genehmigung rechtzeitig…‹«

»Wer hat das geschrieben?«

»Lehmann war´s.«

Lehmann also, der Hochbegabte. Journalisten sind Randfiguren der holzverarbeitenden Industrie, habe ich mal jemand sagen hören. Wahrscheinlich hatte er dabei Lehmann im Sinn.

»Lehmann behauptet, der Fall stünde bei der Verwaltung an? In einer Schlange, so wie im Bürgerbüro, wo man eine Nummer ziehen muß? Und das alles nur, weil die Verwaltung zweifelt?«

»Ob er eine Nummer ziehen muß, weiß ich nicht, aber daß die Verwaltung verzweifelt ist, das schon. Das ist sie immer. Vor lauter Verzweiflung kommt sie überhaupt nicht zum Arbeiten.«

Alberto war aufgestanden, um noch ein wenig Nachschub zu holen.

»*Io no capisco niente*«, sagte er im Hinausgehen, »ich nichts verstehen. Wer ist Lehmann, was ist Randfigur, warum Schlangen in Bürgerbüro? Ich mache Vorschlag: Ich einkaufen, dann kein Gesetz mehr. Und auch kein Fall.«

Er war schon an der Tür, als er noch »Dann Fall erledigt« rief. Wir hörten noch, wie er den Motor anließ, dann war er weg.

»Mal sehen, was er wohl einkauft«, murmelte sie, »wahrscheinlich außer Chianti, Grappa, und Vecchia Romagna nichts. Viel zu kalt«, sagte sie noch und verschwand im Haus.

Nun hatte ich den Fall allein am Hals. Gar nicht ignorieren, es gibt wichtigere Dinge, als die Verwaltung und Lehmann. Falls das überhaupt stimmte, was er da behauptete. Er hatte schon mehrfach danebengeschrieben. Damals, als sie das neue Gemeinschaftshaus gebaut hatten. »Die Grundsteinplatte wurde zusammen mit dem Bürgermeister und dem Architekten in dem neuen Gebäude eingemauert«, hatte er verlauten lassen. Was natürlich nicht stimmte, der Elbeseitenkanal-Kurier mußte dementieren. Wer weiß also, ob das mit der Verwaltung und deren Verzweiflung stimmte. Vielleicht überhaupt kein anstehender Fall, eher ein Einzelfall, der keiner weiteren Beachtung bedurfte.

Ich hörte das Schlagen der Autotüren, Alberto war wieder zurück. Zusammen mit meiner Frau kam er auf die Terrasse. Wie vorausgesehen, außer einer Flasche Grappa nichts in der Hand.

»Fall erledigt!« Alberto schwenkte freudig die Flasche.

»Mitnichten«, entgegnete meine Frau, »du hast ihn nur verdrängt. Wie die in der Verwaltung.«

»Was wie Verwaltung. Nix Verwaltung, ist Grappa«, widersprach er.

»In der Verwaltung machen die das auch so«, entgegnete sie, »sie sind total unterbesetzt, sagen sie. Und wenn sie einen anstehenden Fall nicht bearbeiten können, legen sie ihn halt erst mal beiseite.«

»Sie legen ihn?« staunte Alberto. »Steh-Fall wird zum Liege Fall?«

»Auf alle Fälle«, sagte sie. »Ein Fall kann alles. Stehen, liegen, fallen. Meistens fällt er. Er hat ungeahnte Fallgelegenheiten, er kann einfallen, ausfallen, ver-, auf-, über-, be-, zufallen ….«

»Zu geht nicht« widersprach ich. »Ein Zufall fällt nicht, ein Zufall, der …«

Ja wie denn nun weiter? Warum heißt er Fall, wenn er nicht fällt, und wenn er nicht fällt, was macht er dann?

»Fällt dir nichts dazu ein?« fragte ich.

»Wozu?«

»Zu dem Zufall, der nicht fällt.«

»Zufall, wenn Fenster und Tür offen. Dann Durchzug«, mischte sich der Meister der gefühlten Grammatik ein, »wenn Durchzug, fällt Türe zu. Zufall, *la porta si chiuse*.«

Wir schauten ihn verdutzt an.

»Woher weißt du das?« fragten wir unisono.

»Von Aristoteles, Galilei nicht zu Hause«, sagte er, »aber bin nicht sicher, ob stimmt. Grieche hat schon mal was versiebt.«

Dann machte er sich auf die Suche nach dem Korkenzieher. Zufällig lag einer neben dem Tisch.

Zweiradfahrer absteigen!

Sie kam wütend nach Hause. Nicht verärgert, verstimmt oder ungehalten. Wütend, vielleicht sogar noch etwas mehr, wutentbrannt, oder noch besser: Vor Wut explodierend. Nicht, daß sie Sachen um sich warf oder die Haustür ins Schloß knallte, das nicht. Ich hörte sie nur »Scheiß Dorf« sagen und sah sie in ihrem Zimmer verschwinden.

Als sie wieder herauskam, hatte sie sich ein wenig beruhigt.

»Du glaubst nicht, was mir passiert ist«, sagte sie, »sie haben jetzt an dem Weg, auf dem wir immer in das Städtchen fahren, ein Schild aufgestellt. Sooo breit«, veranschaulichte sie, beide Arme zur Seite ausstreckend. »›Zweiradfahrer absteigen‹, haben sie darauf geschrieben. Nicht einmal für das Wort ›Bitte‹ hat es gereicht.«

Ich legte den Elbeseitenkanal-Kurier beiseite. Gerade hatte ich darin gelesen, daß sie den Verkehr in der Fußgängerzone neu regeln wollen. Die einen waren dafür, die Zone für die Radler großzügiger freizugeben, die anderen dagegen. Und wie immer, hatten sich die Verhinderer durchgesetzt.

»Und weißt du, was noch war«, unterbrach sie meine Gedanken. »Kurz vor der kleinen Brücke kommt mir doch so ein verkniffener Alter entgegen. Alles frei, Platz für drei Fahrräder und vier Kinderwagen und ein Müllauto. Das war dem Alten zu wenig, ›Sie dürfen hier nicht fahren‹, hat der mich angekreischt.«

»Und was hast du gemacht?« fragte ich.

»›Ist doch Platz für alle‹, habe ich gesagt, »fühlen Sie sich irgendwie belästigt? Ich fahre hier immer, und das werde ich auch weiterhin tun.«

»Was hat der Alte dazu gesagt?«

»Nichts. Nur, daß er schon beinahe mal angefahren worden wäre.«

»Weiter nichts?«

»Nein, er ist einfach weitergegangen.«

Sie war inzwischen wohl weniger wütend, so richtig beruhigt hatte sie sich aber noch nicht. Auf die Gefahr hin, daß sie rückfällig wurde, las ich ihr den Zeitungsartikel vor.

»Sie werden vermutlich das Radeln in der Fußgängerzone einschränken«, sagte ich abschließend.

Hätte ich vielleicht besser nicht getan. Ihre Lautstärke nahm wieder zu.

»Erstens gehört der Weg nicht zu ihrer blöden Zone und zweitens weiß ich das natürlich. Ich weiß auch, daß alte Leute vor den Kampfradlern Angst haben. Aber doch nicht vor mir.«

»Bist du so etwas Besonderes?«

»Bin ich nicht. Aber ich kann beides, ich kann schnell und langsam. Ich erschrecke niemanden. Ich kann langsamer fahren als die Fußgänger gehen können. Und wenn es zu eng wird, steige ich halt ab. Aber das interessiert sie nicht, ihre Gesetzgebung orientiert sich immer an den Schwachköpfen. Ein Idiot unter hundert, das reicht! Statt dem einen den Arsch zu versohlen, nehmen sie die restlichen neunundneunzig in Sippenhaft.«

Sie war wohl selbst von ihrem kräftigen Ton überrascht. »Oder so ungefähr«, fügte sie hinzu. Es klang wie eine Entschuldigung.

»Du willst also auf das Verbot pfeifen? Wenn sie dich erwischen, wirst du zahlen müssen.«

Sie überlegte eine Weile. Lange. Dann erhellte sich ihre Mine.

»Mache ich nicht. Sie haben ja nur die Zweiräder verboten. Ich nehme zwei weitere mit, dann bin ich ein Vierradfahrer.«

»Und wo willst du die anbringen?«

»Stecke ich in meine Fahrradtasche.«

»Und du meinst, die Politessen akzeptieren das?«

»Müssen sie ja. Ich behaupte einfach, daß mir immer schlecht wird, wenn ich eine von ihnen sehe und ich dann aus Gesundheitsgründen Stützräder anbringen muß. Dann habe ich vier Räder und falle nicht mehr unter ihr beknacktes Gesetz.«

»Das glaubst du doch selbst nicht. Das nehmen die dir nie ab. Du bist und bleibst ein Zweirad.«

»Da spanne ich eben das Vorderrad aus, halte es in der Hand und fahre nur auf dem Hinterrad. Dafür könnte ich von ihnen sogar Geld verlangen, das sehen sie nicht alle Tage, das ist ein Kunststück.«

»Und wenn sie sich nicht darauf einlassen und die Polizei rufen? Dann wirst du dennoch zahlen müssen.«

»Dann zahle ich eben«, trotzte sie.

»Wird aber auf die Dauer teuer.«

Wieder suchte sie nach einer Lösung. Diesmal ging es schneller.

»Dann frage ich den Polizisten, was eine Zehner-Karte kostet.«

Nicht daß sie lachte, aber ihre Wut schien verschwunden. Sie überlegte nochmals. Dann grinste sie.

»Vielleicht noch besser eine Dauerkarte.«

Eine Woche später las ich im Elbeseitenkanal-Kurier: »Gestern Nachmittag in der Fußgängerzone, Rentnerin fährt Rentner um.« Gott sei Dank tapezierten wir zu diesem Zeitpunkt den Flur im Keller.

Fotojäger

Was ich wünsche oder will ist ohne Bedeutung, ich kriege es nicht. Keine Aussicht auf Erfolg, vergeben der Gegenstand der Begierde. Der Sitz ganz vorne, neben dem Fahrer des Reisebusses. Der beste Platz für die besten Fotos, der Kodak Optimal Picture Point. Erobert, in Obhut genommen von einer gräßlichen Frau im rotweißen Dirndl. Tagtäglich verteidigt, mit geklauten Zähnen oder gezähnten Klauen. Täglich wiederkehrendes Ereignis. Erbfolgegerechte Sitzordnung gewissermaßen.

Auf ihrem Kofferanhänger steht »Jäger«. Ich nehme an, es handelt sich nur um ihren Namen. Eine Schußwaffe kann ich jedenfalls nicht entdecken, nur drei Photoapparate, jeweils einen für bunte, schwarzweiße Papierbilder und Dias, wie sie mir später noch erklären wird. Sie photographiert nicht, sie dokumentiert. Meter für Meter, die Busfahrt quer durch Italien.

Den Sitz in der ersten Reihe, rechts neben dem Fahrer, hat sie schon am ersten Tag durch den Verzicht auf das gemeinsame Hotelfrühstück ergattert. Sie stand als Erste vor der Bustür, die Kaffeetasse in der einen, das Hörnchen in der anderen Hand. Ein dunkelgrüner Lodenmantel schützte sie vor der morgendlichen Kühle.

Heute ist schon der vierte Tag, an dem sie die Pole Position innehat. Den Lodenmantel hat sie durch eine crèmefarbene Weste ersetzt. Als ein grauhaariger, gut angezogener älterer Mitreisender sie bittet, von diesem Platz aus ebenfalls mal ein Foto machen zu dürfen, antwortete sie, das könne er sofort tun, sie müsse nur noch kurz die Lagune ablichten. Als sie gelichtet hat und damit zu Ende ist, ist auch die Busfahrt zu Ende. Der Mann steigt aus und macht ein Bild von dem Reisebus.

Am Ende jeden Tags läßt Jäger ihre Sachen im Bus. Der Reiseführer hätte das erlaubt, behauptet sie. Nur ihre Ausrüstung nimmt sie mit ins Hotel. Das rotweiße Dirndl auch. Lodenmantel und Weste bleiben im Bus. Der dreieckige Hut mit dem Gamsbart nicht, den hat sie zuhause vergessen.

Am nächsten Tag vertraut mir Jäger ein Geheimnis an. Sie hat 30 Filme mitgenommen, um die Daheimgebliebenen mit ihren Photos zu erfreuen. Eine Diaschau würde es werden. Ich müsse es für mich behalten, es solle eine Überraschung werden. Was mir sehr leicht fällt, denn ich kenne niemanden aus ihrer Sippe. Eine davon würde ohnehin reichen, aber das sage ich ihr nicht. Ich rechne: 30 Filme mit je 36 Aufnahmen und jeweils 10 Sekunden pro geschautem Bild macht ungefähr drei überraschende Stunden. Das wird fürwahr eine innige Freude werden.

Ob ich nicht photographieren würde, fragt sie noch, ob ich denn keinen Apparat besäße. Nein, antworte ich, ich hätte schon einen, aber der sei zu Hause. Als sie mich verständnislos ansieht, füge ich hinzu, daß ich mir lieber alles hier direkt ansähe.

Drei Tage vergehen. Ich sitze am Fenster und betrachte das vorbeifliegende Draußen. Alle halbe Minute vernehme ich ein Klick-Geräusch. Morgen werden Reise und Klick zu Ende gehen. Ich werde Frau Jäger nicht vermissen.

Vertraut oder nicht?

Sie hatte das Fahrrad nur gegen den Baum gelehnt. Ob sie es nicht abschließen wolle, hatte ich gefragt. Erstens würde hier niemand klauen und ein derartiges Rad überhaupt nicht, ihre Antwort. Man müsse eben den Menschen auch ab und zu vertrauen.

»Vielleicht nicht samt und sonders«, entgegnete ich, »denke an Lenin. ›Vertrauen ist gut, Kontrolle ist besser‹, hat er empfohlen.«

»Kommunisten klauen nicht. Das dürfen sie nicht, das steht in deren Vereinssatzung.«

»Dann nimm einen anderen Rat. Altes arabisches Sprichwort: ›Vertraue Allah, aber binde dein Kamel an‹!«

»Woher hast du denn diesen Sinnspruch?«

»Von Mohammed.«

»Dem Propheten?«

»Von dem nicht, von Mohammed, dem Autoschlosser, dem aus unserem Sportverein.«

Dann waren wir zum Markt gegangen und hatten eingekauft. Als wir damit fertig waren, stand das Rad immer noch an derselben Stelle.

»Siehst du, hier klaut eben keiner«, frohlockte sie.

Zuhause angekommen, räumten wir die Fahrradtaschen aus.

»Hast du das ernst gemeint, mit dem Vertrauen?« fragte sie.

»Mit welchem denn, mit dem von Allah oder Lenin?«

»Ist mir schnurz, es funktioniert weder mit dem einen noch mit dem anderen.«

»Du traust also keinem von beiden?«

»Das schon, ich traue ihnen, aber ich habe kein Vertrauen in sie.«

Ich schaute sie genauer an, konnte aber nicht feststellen, daß sie äußerlich irgendwie beschädigt war. Konnte sein, daß sie Allah nicht kannte und Lenin nicht mochte.

»Aber das ist doch das gleiche«, sagte ich.

»Im Gegenteil«, sagte sie, »vertrauen und trauen schließen einander aus.«

»Wieso denn dieses?«

»Weil die Vorsilbe ›ver‹ immer bösartige Absichten hat, ›ver‹ kommt stets unheilschwanger daher. Wenn die auftritt, ist ständig etwas kaputt, verschwunden oder schief ausgegangen. Denke an die Blumen, sie blühen, nimmst du ›ver‹ dazu, dann sind sie futsch. Hüte dich vor ›ver‹!«

Also doch ein Schaden, dachte ich. Heute morgen hatte sie noch völlig wohlbehalten ausgesehen. Wo und wann sie sich den Defekt zugezogen hatte, entzog sich meiner Kenntnis.

»Was hat das mit trauen und vertrauen zu tun?«

Nun sah sie mich an, wie ein Kind, dem man beibringen muß, die Spielsachen nicht aus dem Laufstall zu werfen.

»Weil es da genau so ist. Nehmen wir an, du traust jemandem, jener legt dich aber herein, dann hast du Pech gehabt, du hast dich vertraut. Das passiert sehr häufig. Auch vor dem Traualtar. Es gibt sogar einen Film mit Julia Roberts ›Die Braut, die sich nicht traut‹. Die ist immer wieder weggelaufen. Sie hatte Angst, sich nicht getraut, sich trauen zu lassen. Bis Richard Gere kam.

Triumphierend sah sie mich an.

»Klassischer Fall von ›vertrauen‹.«

»Aber er hat sie dann doch geheiratet«, widersprach ich.

»Aber nur weil Gere ein Mittel gegen ihre Angst gefunden hat.«

»Was denn?«

»Was zum Anketten. Aus Gold. Als sie dann keine Angst mehr hatte, hat er die Kette gegen einen Ring ausgetauscht. Einen Trauring.«

Ich wußte nicht, was ich dazu sagen sollte. Eigentlich wollten wir ja nur auf dem Markt einkaufen. Es ging doch alles gut, bis sie ablehnte, ihr Fahrrad abzuschließen. Und nun war ich Teilnehmer an einer schwachsinnigen Diskussion. Irgendetwas stimmte nicht, ich wußte nur nicht, was. Danach zu fragen, traute ich mich auch nicht. Hätte möglicherweise zu einer Vertrauenskrise geführt. Ich mußte nachdenken.

»Findest du nicht, daß das ein bescheuertes Beispiel war? Hast du kein besseres?« fragte ich schließlich.

Sie machte eine kurze Pause zum Atemholen.

»Hab´ ich, eine ganze Menge.«

»Eines reicht. Ein verständliches.«

»Wenn du zum Beispiel auf Reisen gehst, packst du deine Sachen in einen Koffer«, führte sie aus. »Und zwar nicht mehr, als reinpassen. Packst du mehr hinein, kriegst du ihn nicht mehr zu. Dann hast du was falsch gemacht, du hast dich verpackt. Packen und verpacken gleichzeitig geht nicht.«

»Ich habe mich nicht verpackt. Nicht mich, sondern den Koffer.«

»Hast du nicht. Den Koffer hast du ge-, dich hast du verpackt.«

»Geht nicht. Hätte ich mich verpackt, hätte ich das ja bemerkt.«

»Weil du den Koffer nicht schließen kannst?«

»Nein. Weil ich mich sehen kann, wenn ich mich vor den Spiegel stelle. Würde ich in einer Verpackung stecken, könnte ich das nicht.«

»Du hast nichts kapiert.«

»Vielleicht hast du es schlecht erläutert, ich meine verklärt.«

Ratlos betrachtete sie mich von der Seite.

»Wenn du es immer noch nicht begriffen hast«, sagte sie, »dann denke einfach an dieses Kinderlied von Hänsel und Gretel. Die wollten auch nur ganz einfach im Wald herumlaufen, dann kriegten sie es mit dieser Vorsilbe zu tun und es wäre beinahe mächtig schief ausgegangen. Denke an die Hexe.«

Ich drehte mich um, niemand außer ihr zu sehen.

»Warum siehst du mich so an?« fragte sie.

»Ich hab´s jetzt kapiert«, sagte ich, »ich weiß jetzt, wie es geht. Ist wie mit dem Staudamm im Harz, den sie an der falschen Stelle gebaut haben.«

»Wieso an der falschen Stelle?« fragte sie.

Na geht doch. Ich stellte mich so aufrecht hin, wie ich konnte.

»Sie haben sich verstaut.«

Schläuche und Läuche

Ich hatte es nicht eilig gehabt, hatte mich ganz hinten in die Schlange eingereiht. Vor mir einige Hausfrauen mit eingehenkelten Einkaufskörben, neben mir eine junge Frau mit einem Kleinkind auf dem Arm, hinter mir ein älterer Mann, der eine Schirmmütze trug, sowie zwei Jugendliche, die die Welt mit wichtigen Twitter-Informationen versorgten. Das bauchfrei gekleidete Mädchen mit einem Samsung Galaxy, der baseballbekappte Junge mit einem Phone aus einem Kaffeegeschäft.

Lauch sollte ich kaufen, so hatte es mir meine Frau aufgetragen, Lauch für »Svenjas Zander auf Ananas-Lauch-Gemüse.« Wer sich hinter Svenja verbarg, das wußte ich nicht, hatte auch nicht danach gefragt. Ich nahm an, daß das Rezept so hieß.

Es dauerte. Die beiden Hausfrauen da vorne konnten sich nicht einigen, welche Kartoffelsorte sich wohl am besten für ein Kartoffel-Pilz-Gratin eignete. Die eine schlug die vorwiegend festkochende, frühreife GALA vor, die andere bestand auf der mittelfrühen, aber dafür besonders fest kochenden NICOLA. Ich wartete. An dem gegenüber liegenden Marktstand wäre es flotter vorangegangen, aber da gab´s keinen Lauch. Nur Fisch.

Was er denn meine, fragten die beiden Kartoffelexpertinnen den Marktbudenbesitzer. LINDA, meinte dieser, Linda würde sehr gerne genommen und sei bestens geeignet. Eine Mehrzweckkartoffel, unglaublich fest kochend und 2007 zur Kartoffel des Jahres erhoben.

Aber vor allem die einzige, die er überhaupt anbieten könne, andere habe er nicht.

Die beiden tuschelten, blickten abwechselnd zu den ausgestellten Lindas und beschlossen, zunächst einmal nach den Pilzen für das Kartoffel-Pilz-Gratin zu sehen. Sie müßten noch nachdenken, bedeuteten sie dem Kartoffelmann und würden später nochmal wiederkommen. Nie und nimmer, dachte jener wahrscheinlich und verschwand hinter seinem Marktauto.

Er tauchte auch nicht wieder auf, stattdessen seine Frau. Was es denn sein solle, fragte sie mich. Auf die übliche Floskel ›junger Mann‹ hatte sie verzichtet.

»Lauch«, sagte ich, »ich bräuchte Lauch.«

»Bräuchten Sie oder brauchen Sie?«

»Ich brauche nicht«, maulte ich, »aber meine Frau braucht. Deshalb bin ich ja hier.«

»Wieviel braucht sie denn?«

Hätte ich zu Hause fragen sollen. Zeit, meine Frau anzurufen hätte ich auch genügend gehabt, beides hatte ich nicht getan.

»Daß es für Svenja reicht«, sagte ich dann.

Die Bauersfrau betrachtete mich sorgsam. Ich weiß, daß du doof bist, schien ihr Blick zu sagen, nur du weißt das noch nicht!

»Wer ist Svenja?« fragte sie schließlich, »ist das russisch?«

»Glaube ich nicht, kommt mir eher schwedisch vor. Vielleicht die Schwester von Sven.«

Wiederum betrachtete sie mich eingehend. Diesmal noch etwas zweifelnder.

»Schwedischen Lauch habe ich nicht«, sagte sie endlich.

»Dann nehme ich eben welchen von hier«, sagte ich,

»regionalen«, fügte ich hinzu. In der Hoffnung, das würde sie bewegen, mir gegenüber etwas freundlicher zu sein. War sie aber nicht.

»Wieviel?« schnarrte sie.

»Ich denke, fünf Läuche sollten reichen.«

»Fünf was?«

Da quatschen wir die ganze Zeit über Lauch und nun fragt sie, was ich haben will.

»Na Lauch natürlich«, sagte ich etwas lauter, »ich brauche fünf Läuche.«

Sie schaute mich ratlos an. Als ob es da etwas zum Nichtverstehen gäbe. War doch ein einfacher Plural, kein komplizierter wie Kaktus-Kakteen, Komma-Kommata oder Matrix-Matrizen.

»Fünf Läuche. Ein Lauch, fünf Läuche«, erklärte ich, »ist wie ein Schlauch, fünf Schläuche.«

Hinter mir murrten die Smartphonekinder.

»Geht´s denn hier irgendwann weiter?« maulte der Junge ohne mich anzusehen. Mit beiden Daumen bearbeitete er sein Lieblingsgerät. Wahrscheinlich, um dem Rest der Welt mitzuteilen, daß er hier auf dem Marktplatz stehe und warten müsse. Wegen eines Lauch-Kaufs. Oder mehreren Läuche-Käufen.

»Die Mehrzahl heißt auch nicht ›Läuche‹, sondern ›Lauche‹, behauptete die Bauchfreie. Sie hatte anscheinend gegoogelt und streckte mir ihr Telefon entgegen. »Sagt Alexa im Forum.«

Sie sah mich an, als hätte sie gerade den Grammatikpreis für Twitterkinder gewonnen.

»Geht aber auch mit ›s‹ am Ende. Lauchs, wie Uhus. Ein Uhu, fünf Uhus«, schob sie hinterher und grinste.

Der ältere Herr hinter mir räusperte sich.

»Es gibt keinen Plural für ›Lauch‹, das ist ein Gattungsbegriff, genau wie Salat«, behauptete er.

»Oder Spinat«, fügte die Frau mit dem Kleinkind auf dem Arm hinzu. Oder haben Sie schon mal jemanden drei Spinate kaufen sehen? Oder vier Ananasse?«

Nun hatte ich es schon mit vier Lauchberatern zu tun, der Bauersfrau, dem bauchfreien Smartphone-Kind, dem älteren Herrn mit der Schirmmütze und der Frau mit dem Kleinkind auf dem Arm.

»Spinat nicht, aber Ananasse«; wehrte ich mich, »Ananasse, das ist kein Gattungsbegriff, Ananasse gibt´s einzeln. Wie Erdbeeren. Ich weiß, wie die ausschauen, Erdbeeren sind nur etwas kleiner und rot. Habe ich schon mal gekauft, zwölf Stück.«

Die vier schauten mich verständnislos an. Offensichtlich zweifelten sie an meinem Verstand. Ihre Bedenken schienen riesig zu sein, sie wollten kein Ende zu nehmen. Die Bauersfrau fand als erste ihre Fassung wieder.

»Ich dachte, Sie wollen Lauch kaufen«, sagte sie schließlich, »Lauch, keine Erdbeeren.«

»Und Lauch gibt´s eben nur in der Einzahl«, feixte die Frau mit dem Kleinkind auf dem Arm.

Was sie wohl damit meinte, mit der Einzahl? Sollte ich denn statt fünf gemeinsamen Läuchen jeden einzeln kaufen müssen? Sollte ich die Bauersfrau erst um einen Lauch bitten, dann um noch einen und so weiter bis ich fünf zusammen hätte?

Ich konnte den Gedanken nicht zu Ende führen, der Bauersmann tauchte wieder auf.

»Ewald, weißt du, wie die Mehrzahl von Lauch heißt?« fragte die Bauersfrau.

Er stellte die Kiste mit den Mandarinen an der Rückseite seiner Marktbude auf einem Tisch ab und drehte sich um.

»Welche Zahl?« fragte er.

»Die Mehrzahl.«

Ewald faßte sich kratzend grübelnd an den Hinterkopf, die Frage schien ihm großes Unbehagen zu bereiten. Er fürchtete, hinter ihr könne sich eine Rechenaufgabe verbergen.

»Wieviel mehr?«

Die Bauersfrau schaute ihn ratlos an. Ewald dachte immer noch. Er hatte seine Hände aus den Hosentaschen gezogen und überlegte wohl, wie er das Rätsel mit seinen Fingern lösen könne. Er knickte einen Finger nach dem anderen ein bis er beide Hände zu Fäusten geballt hatte.

»Die Mehrzahl von Lauch ist Mehrlauch.«, sagte er dann, »Mehrlauch. Und wenn es nicht reicht: Noch mehr Lauch. Am besten eine Kiste davon.«

Er machte eine weitere, nachdenkliche Pause.

»Eine noch größere Mehrzahl haben wir nicht«, sagte er, »nicht mal auf dem Hof.«

Dann verschwand er wieder hinter seinem Marktauto.

Die Quoten des Schachbrettes

Wer zuerst auf diese beknackte Idee kam, daran konnte oder wollte sich im Nachhinein niemand mehr erinnern. Siggi, seines Zeichens Vereinsvorstand, hatte Hartmut im Verdacht, Beppo meinte, es sei entweder Hinner oder Frieder gewesen, Sammy glaubte, sich an Herbert zu erinnern und Broder vermutete, Henning hätte damit angefangen. In einem waren sie fast alle sicher: Else, die einzige Frau unter den elf Mitgliedern des Schachklubs »16 Bauern«, war es nicht.

Irgendjemand hatte sich über die Frauenquote aufgeregt und eine zunächst leise, später eine lautere Diskussion angezettelt. Daß sich der Verein dem gesellschaftlichen Zeitgeist nicht verschließen dürfe, forderten die einen - allen voran Hartmut - als dummes Zeug bezeichneten die anderen dieses Ansinnen. Was in einem Schachklub eine Frauenquote zu suchen habe, zweifelten letztere, wenn eine Frau gewänne, dann nicht, weil sie eine Frau sei, sondern schlicht und einfach besser. Die Argumente wurden gleichermaßen lauter als auch dämlicher, irgendwann gingen sie komplett aus und wurden durch ein idiotisches Phrasengedresche ersetzt.

»Was meinst du?« fragte Herbert Else nach einer Weile.

Else war an dem Platz neben dem Klavier in ihr Spiel mit Raimund vertieft, hatte weder den Streit noch Herberts Frage wahrgenommen. Es sah für sie nicht gut aus, Raimund hatte einen Bauern mehr und auch die deutlich bessere Stellung.

»Sag´ doch was!« forderte Herbert sie auf.

Else blickte von ihrem Schachbrett auf und sah Herbert fragend an.

»Was willst du wissen«, sagte sie, »wie spät es ist, wer morgen das Pokalspiel gewinnt oder wo du dein Auto geparkt hast?«

Herbert überhörte die spöttische Bemerkung.

»Ich möchte gerne wissen, ob du dahinter steckst«, sagte er.

»Hinter wem oder was?«

»Ob du denen die Frauenquote eingeflüstert hast.«

Else verzog keine Mine.

»Wie kommst du denn auf diese kranke Idee?«

»Na ja, du bist doch die einzige Frau in dem Klub. Also kannst doch nur du dir so etwas ausdenken.«

»Warum sollten wir hier in diesem Klub eine Frauenquote einrichten?« sagte sie, »wir haben doch schon eine.«

Herbert blickte genauso hilflos wie verstört in die Runde. Doch niemand trat ihm helfend zur Seite. Sammy und Erwin spielten stillschweigend weiter, Gerhard, Markus und Hinner saßen über einem Schachproblem und Broder räumte ein Kästchen mit den Figuren zurück in den Schrank. Er hatte gegen Frieder wieder einmal verloren und wollte nach Hause.

»Tschüß«, sagte er, dann war er weg.

»Nun sag´ schon«, wandte Else sich an Herbert. »Was willst du mit einer Quote? Ich bin eine unter elf, das macht 9,1 %. Das ist zwar nicht berauschend, aber mehr brauche ich nicht. Das reicht allemal, um dich noch im Halbschlaf matt zu setzen.«

Hartmut hatte die ganze Zeit auf seinen Einsatz gewartet. Noch bevor Herbert sich gegen Elses Frechheit wehren konnte, nahm er ihn wahr.

»Um Else gehts überhaupt nicht«, meinte er beschwichtigend, »es geht um die Schachfiguren. Da sollten wir ein Zeichen setzen.«

»Was für ein Zeichen, was gefällt dir an unseren Figuren nicht?« fragte Siggi. »Immerhin hat sie die Brauerei Schwertlinger gesponsert, sonst hätten wir überhaupt keine. Was ist daran nicht in Ordnung?«

Hartmut druckste herum.

»Die Geschlechterverteilung stimmt nicht«, behauptete er, »es gibt auf dem Brett 16 Bauern, je 4 Türme, Springer und Läufer sowie je 2 Könige und Damen. Fällt euch nichts auf?«

»Er hat sie nicht mehr alle«, murmelte Hinner leise. »Was willst du uns damit sagen?« fragte er laut.

»Von den 32 Figuren sind 30 männlich und nur zwei weiblich«, begann Hartmut. »Das ist eine Quote von 6,25 %. Eine eindeutige Benachteiligung, wenn nicht sogar Diskriminierung der Frauen!«

So richtig wußte niemand, ob Hartmut das ernst meinte. Er war ja nun auch nicht der riesige Schachüberflieger. Nur Beppo, anerkannter Dorfdepp, lag in der Tabelle noch hinter ihm. Aber nicht mal jener wäre auf eine derartige Rechnung gekommen, auf eine Prozentrechnung schon überhaupt nicht, da hatte er in der Schule gefehlt. Gerhard sah Hartmut merkwürdig von der Seite an, als zweifle er an dessen Verstand, Erwin und Markus grinsten unverhohlen vor sich hin, Frieder brach in schallendes Gelächter aus.

»Macht ja nichts, die sind eh nur aus Holz«, prustete er.

»Auch die Regeln sind frauenfeindlich«, beharrte Hartmut trotzig, »die Dame darf offiziell bedroht, sogar geschlagen werden. Und wenn sie nicht aufpaßt, darf sie sogar weggenommen werden. Findet ihr das in Ordnung?«

»Finden wir, was denn sonst«, bemerkten Markus und Hinner unisono und wandten sich wieder ihrem Schachproblem zu. »Die Damen dürfen sich ja auch gegenseitig schlagen«, rief Markus Hartmut noch zu, »Zickenkrieg«, fügte Hinner hinzu.

Hartmut gab sich noch nicht geschlagen.

»Wir könnten die Bauern Bäuerinnen nennen«, schlug er vor, dann hätten wir 16 Bäuerinnen plus die 2 Damen, also 18 Frauen. Macht eine Quote von über 50 %.

»Dann bräuchten wir aber neue Figuren. Bäuerinnen mit Röcken statt Bauern mit Hosen«, widersprach Siggi.

Else hatte die ganze Zeit über geschwiegen. Sie hatte ihre Partie mit Raimund beendet und sich mit ihm auf ein Remis geeinigt.

»Wenn schon, dann denn schon«, mischte sie sich nun in das Gespräch ein. »Könnte euch so passen, nur die niedrigen Dienste« sagte sie. »Was ist mit den Läufern, Springern oder Türmen? Die mit den wichtigen Aufgaben? Entweder überhaupt keine Quote oder eine richtige.«

»Von mir aus, Läuferin«, sagte Beppo, »Läuferin, das geht. Aber Springerin, das geht nicht.«

»Weil der Springer ein Pferd ist. Das Pferd ist sächlich, die Pferdin gibt´s nicht«, pflichtete Siggi bei.

»Und was ist mit dem Turm beziehungsweise der Türmerin?« fragte Herbert.

»Gibt´s keine. Höchstens die von den Grimm-Brüdern. Die heißt Rapunzel mit dem heruntergelassenen Haar. So könnten wir die Türmerin nennen«, meinte Hartmut.

Frieder brach ein weiteres Mal in offenes Gelächter aus.

»Du meinst…..«, versuchte er seinen Lachanfall unter Kontrolle zu bringen, »…. du meinst, wir nennen den Turm in Zukunft Rapunzel?«

Frieder sah sich im Kreis umher. Niemand nahm von ihm Notiz. Else war dabei, die Figuren einzuräumen, Gerhard, Markus und Hinner waren nach wie vor in ihr Schachproblem vertieft, Siggi füllte irgendwelche Formulare für den nächsten Spieltag gegen den Schachklub 1989 aus.

»Was meint ihr zu Rapunzel?« fragte er.

»Wenn wir damit endlich wieder Ruhe haben, dann ist´s in Ordnung«, beteuerte Siggi.

»Genial«, feixte Else, »unsere Gegner werden sich über unsere Spielprotokolle totlachen.«

»Weswegen das denn nun wieder?«

»Na ja«, meinte sie und machte eine Pause, »wir schreiben dann ja nicht mehr ›Springer schlägt Turm, sondern Pferd frißt Rapunzel‹.«

»Klingt aber bescheuert«, meinte Hinner.

»Klingt die Quote auch«, sagte Else, »Hab´ ich vorhin doch schon gesagt. Ich brauche keine und eine Türmerin schon überhaupt nicht.«

Sie wandte sich Hartmut zu und sah ihn spitzbübisch an.

»Und gegen dich brauche ich nicht einmal meine Dame. Dich mache ich ganz allein mit meinen Männern fertig.«

Ohne Verständnis

Zu nachtschlafender Zeit hatte mein Telefon versucht, mich wach zu schreien. Ohne Erfolg, vor dem Frühstück betrachte ich diesen Krachmacher als nicht existent und lasse ihn lärmen, solange er will. Mein schlaues Telefon jedoch weiß das, es schaltet das Klingeln aus, mich ab und den Anrufbeantworter ein. Demonstrativ bringt es ein rotes Licht zum Leuchten, Botschaft und Aufforderung zugleich, mich um den verpennten Anruf zu kümmern. Etwas aufdringlich, finde ich.

Was ich an dem besagten Tag dann auch tat. Der Installateur meines Vertrauens, Herr Kreiner-Scholowski, hatte sich gemeldet. Nicht, um mir guten Morgen zu wünschen, sondern mir mitzuteilen, daß er den verabredeten Termin nicht wahrnehmen könne, weil ..... . Dann folgte eine ganze Reihe von Erklärungen und Begründungen, ich verstand davon nicht einmal die Hälfte, nur, daß letztlich mein Wasserhahn im Bad eben weiter tropfen würde. Zum Schluß hatte sich Kreiner-Scholowski noch artig für mein Verständnis bedankt.

Er kam also nicht, so die Auskunft meines krächzend stotternden Anrufbeantworters. Das hatte ich kapiert. Die Erläuterungen nur teilweise. War ja auch irgendwie ohne Belang, meinem Wasserhahn war es vermutlich völlig gleichgültig, welcher Installateur ihn nicht repariert.

Stutzig hatte mich nur die Sache mit dem Verständnis gemacht. Woher er wohl gewußt haben mochte, daß ich nicht alles verstehen konnte? Besaß er vielleicht einen ähnlich unfähigen Automaten und hatte das unverständliche Gekrächze vorausgesehen? Vielleicht hatte er sich deswegen so schräg ausgedrückt. Daß er hoffe, daß ich, ohne alles verstanden zu haben, verstehen möge, daß es mit dem Termin nichts werden wird. Und weil es ihm zu riskant erschien, an meinem Verstehen zu zweifeln, hatte er mein Verständnis ins Spiel gebracht und meinen Verstand sicherheitshalber umgangen. Erschien mir auch logisch, woher sollte er denn wissen, ob ich überhaupt einen solchen habe. Und wenn doch, wieviel davon.

Immerhin hatte er mir gedankt. Für etwas, das ich ihm überhaupt noch nicht gegeben hatte und von dem er nur vermuten konnte, daß ich so etwas besäße. Ein gewaltiger Vertrauensvorschuß. Dieses Verfahren funktioniert bei keiner Bank, nicht einmal an der Kasse eines Supermarktes. Ohne Geld geht da nichts, da wünschen sie dir erst einen guten Tag, wenn du bezahlt hast.

Was aber, wenn ich das erbetene Verständnis überhaupt nicht besaß? Oder verlegt und nicht wiedergefunden, verliehen und nicht mehr zurückbekommen, vielleicht sogar niemals eines besessen hatte? Was dann? Dann wäre sein Dank völlig sinnlos gewesen. Logischerweise mußte er jenen samt Terminkündigung zurücknehmen. Wie einen Brief an eine nicht existierende Adresse. Zurück zum Absender.

Ich beschloß, mich bei Kreiner-Scholowski zu melden. Leider nahm nicht er, sondern sein Telefonknecht meine Mitteilung entgegen. Ich möge den Ton abwarten und dann mit ihm sprechen, so seine Aufforderung. War mir auch lieber. Eine direkte Konfrontation hätte Scholowski wahrscheinlich verärgert und ich hätte weitere Wochen damit verbracht, einen Installateur zu finden. Außerdem gab der Automat keine Widerworte. So dankte ich ihm kurz für seinen Anruf, um ihm mitzuteilen, daß ich mein Verständnis zur Zeit nicht finden könne, er demnach keinen Grund mehr habe, den Termin zu verschieben. Ich würde das sehr bedauern, würde ihm aber für seine Nachsicht danken.

Mein Wasserhahn tropft immer noch, von Herrn Kreiner-Scholowski habe ich nie wieder etwas gehört. Ich vermute, es lag an seinem vergessenen Verständnis.

Zar und Zimmerfrau

Lara ist Feministin. Nicht, daß sie etwas gegen Männer hätte. Im Gegenteil, manche behaupten, sie hätte sogar zu viele davon. Aber das ist Laras Sache. Sie meint eben nur, daß es in dieser Welt zu viele Dinge gebe, die ausschließlich von Männern beherrscht würden, und das sei nicht in Ordnung. Oder Dinge, die sich Männer und Frauen teilen könnten, aber es nicht tun. Weil die Männer dies verhinderten. Oder daß sonst jemand oder etwas an der Ungleichbehandlung Schuld hätte. Das alles muß man nicht verstehen, damit übereinstimmen schon überhaupt nicht. Lara drückt sich, wenn es um dieses Thema geht, ausgesprochen wirr, um nicht zu sagen chaotisch aus.

»Denkst du an die Quoten?« hatte ich sie eines Nachmittags gefragt. Wir saßen draußen auf der Terrasse des italienischen Restaurants auf dem Platz vor dem Rathaus. Es sah nach Regen aus.

»Geschenkt«, hatte sie geantwortet.

»Woran denkst du dann?«

»Die paar Aufsichtsrätinnen, von denen sie immer reden, die kannst du vergessen«, sagte sie. »Es geht um ganz normale Frauen.«

»Ganz normale, wie dich und mich?«

»Du hältst dich für eine Frau?« fragte sie lachend.

»Tue ich nicht. Ich dachte nur, wenn wir ein Gespräch von Frau zu Frau führen würden, könnte ich es besser verstehen.«

»Was verstehen?«

»Na das mit der Ungleichbehandlung. Warum zum Beispiel Frauen weniger verdienen als Männer.«

Lara dachte nach. Wenn sie nachdenkt, kriegt sie längere Augenwimpern. Sieht unglaublich sexy aus. Kann sein, daß dies der Grund ist, warum manche Männer sie unterbrechen, wenn ihr Reden kein Ende nehmen will. »Denk doch mal nach«, sagen sie häufig, »bevor du sprichst«, lassen sie weg; um den Inhalt geht´s nicht, nur um die Wimpern.

»Nehmen wir mal einen Zimmermann«, sagte sie schließlich.

Eine ihrer typischen Ausdrucksweisen. Sie fragt nicht, sie nimmt. Diesmal einen Zimmermann. Weit und breit kein Zimmermann in Sicht. Woher einen nehmen?

Ich schaute rund um den Platz. Drüben gegenüber dem Andenkenladen räumte ein Mann seine Falträder wieder in den Laden. Er faltete eines nach dem andern zusammen und trug sie hinein. Früher klappte man diese Räder, sie hießen auch so. Warum man sie nun Falträder nannte, wußte ich nicht, vielleicht hatte das mit dem Klappen nicht immer geklappt. Könnte auch sein, daß das Klappern störte, Falten machen keinen Lärm. Lara unterbrach meine Gedanken.

»Was ist nun mit dem Zimmermann?« wiederholte sie.

»Keiner da«, meine Antwort.

Ihre Wimpern wurden wieder deutlich kürzer, sie hatte das Denken beendet.

»Dann nimm eine Zimmerfrau!« sagte sie, »und frage sie, warum sie soviel weniger verdient.«

»Mache ich nicht«, antwortete ich. »Erstens heißt es nicht ›Zimmerfrau‹, sondern ›Zimmermädchen‹, zweitens muß ich erst den Hoteldirektor fragen, ob ich so einfach eines mitnehmen darf. Vielleicht darf man das hier nicht, sondern kann es nur kaufen. Wie die Eierbecher am Frühstückstisch.«

Laras Augen verengten sich zu Sehschlitzen.

»Du willst ein Mädchen kaufen?« schimpfte sie, »und du meinst, du kriegst es für zwei Eierbecher, schämst du dich nicht?«

»Wie kommst du auf diese absurde Idee? Ich will es nur nicht klauen! Frag doch mal den Manager, da sind schon ganz andere Sachen verschwunden!«

Ich sah Lara von der Seite an. Die Wimpern, sie plante einen heftigen Angriff.

»Du willst also das Mädchen nicht klauen, sondern kaufen.«

»Hast du mir doch eingeredet. Ich möge doch ein Zimmermädchen nehmen, hast du empfohlen. Deine Worte.«

»Habe ich nicht. Kein Mädchen, ich habe von einer Zimmerfrau gesprochen. Und von einem Zimmermann. Und warum ein Zimmermann viel mehr verdient als eine Zimmerfrau.«

Hatte sie nicht, nur von einem Zimmermann, den sie haben wollte. »Nehmen wir einen Zimmermann!« hatte sie gefordert und mir zusätzlich eine Zimmerfrau ans Herz gedrückt. Vom Geldscheffeln war überhaupt keine Rede gewesen.

»Kommt darauf an, was sie zimmern«, sagte ich. »Vielleicht zimmern sie ja verschieden.«

»Was meinst du mit ›verschieden‹?«

»Verschiedene Arbeit, verschiedenes Geld. Der Zimmermann zimmert öffentlich, meist unter freiem Himmel, jedermann kann ihm dabei zusehen. Eine Zimmerfrau zimmert erst, wenn der Hotelgast das Zimmer verlassen hat. Was sie dann im Zimmer tut, weiß niemand. Eine Zimmerfrau zimmert geheim.«

»Wieso denn nun geheim?«

»Na ja, vielleicht soll niemand sehen, was sie da so im Zimmer treibt. Vielleicht durchstöbert sie das Gepäck, sucht nach Wertsachen und klaut sie. Zimmerfrauen sind mitunter auch diebische Frauenzimmer.«

»Manche Männer auch.«

»Geht nicht, Männerzimmer und Zimmermännchen gibt´s nicht.«

»Woher weißt du das?«

»Von Peter dem Großen. Er hat in einer komischen Oper von Albert mitgespielt.«

»Von welchem Albert?«

»Von Lortzing. Albert Lortzing. Die Oper heißt ›Zar und Zimmermann‹.«

Lara konnte sich das Lachen nicht verbeißen.

»Der war Zar und hat sich in einen Zimmermann verknallt?« prustete sie, »bist du sicher, daß die Oper so heißt? ›Zar und Zimmermann‹ und nicht ›Zar und Zimmerfrau‹ oder ›Zarin und Zimmermännchen‹?«

»Bist du nicht ganz klar? Wer sollte einer Oper einen derartigen Titel geben? Zarin und Zimmermännchen!«

»Wenn es doch eine komische Oper ist, braucht es auch einen komischen Titel.«

»Geht noch komischer.«

»Sag!«

»›Zar mit Zimmerfrau im Frauenzimmer ohne Zimmermädchen‹.«

Lara lachte nicht mehr, sie dachte. Nicht viel und nicht lang, die Wimpern blieben ziemlich kurz.

»Und wo ist nun der Zimmermann geblieben«, sagte sie, »von dem wir wissen wollten, wieviel er verdient? Wir wollten über die Ungleichbehandlung diskutieren und du schleppst mich in eine komische Oper.«

Die Falträder waren alle sorgsam gefaltet in dem Laden verschwunden. Vor dem Regen, der sich nicht einfinden wollte, gerettet. Der Mann vor dem Fahrradladen schaute unschlüssig in den Himmel und überlegte, ob er die Räder wieder ausfalten und nach draußen bringen sollte.

»Ich habe nicht die geringste Ahnung, was man in einer Oper so verdient«, antwortete ich. »Ich schätze, der Zimmermann kriegt ungefähr 1.000 und der Zar 60.000.«

»Ist ja nicht gerade das Gleiche.«

»Ist es doch, der eine verdient Euro, der andere Rubel.«

»Und die Zimmerfrau?«

»Soviel wie die Zarin.«

»Und wieviel ist das?«

»Nichts. Sie kriegt null.«

»Findest du das gerecht?«

»Finde ich. Für jemanden, der in der Oper nicht vorkommt ist das in Ordnung.«

Streik nach unten

Stocksauer kam sie vom Postamt zurück und knallte das Paket geräuschvoll auf den Tisch.

»Sie streiken, sie befördern nichts mehr, weder Briefe noch Pakete«, fluchte sie. »Erst die Piloten, dann die Flugbegleiter, die Lokführer, die Nichtlokführer, die Lehrer, die Kitaschwestern. Und nun die Postverteiler. Sie legen einfach ihre Arbeit nieder. Befiehlt ihre Gewerkschaft und sie folgen. Fehlen nur noch die Heiratsschwindler, Hütchenspieler und Eierdiebe«, wütete sie.

In diesem Zustand hat es wenig Zweck, auf sie einzureden oder gar zu versuchen, sie zu beruhigen. Ich verzichtete deshalb auf den Einwand, daß Heiratsschwindler und Hütchenspieler im allgemeinen keiner eigenen Gewerkschaft angehören. Eierdiebe vielleicht, aber ich wußte nicht, welcher. Und irgendeine Müllhalde mußte sie ja für den aufgestauten Ärger finden. Das dauert, manchmal fünf Minuten, manchmal auch einen ganzen Tag. Sie nahm das Paket vom Tisch und legte es in eine Ecke.

»Was sagst du dazu?« fragte sie.

»Na ja« antwortete ich vorsichtig, »sie wollen eben mehr.«

»Was mehr?«

»Mehr Geld. Zumindest soviel, wie die anderen.«

»Welche anderen?«

»Na, die vor kurzem gestreikt haben. Die haben 5% mehr gekriegt. Und das wollen die Postverteiler nun eben auch.«

Die lapidare Antwort schien ihr nicht gefallen zu haben,

ihre zeitweise Beruhigung verflüchtigte sich, sie wurde wieder etwas lauter.

»Also«, faßte sie zusammen, »die Postverteiler verhandeln erfolgreich, kriegen 5% mehr. Und freuen sich. Ist das richtig?«

»So ist es«, meine Bestätigung.

»Und die andern? Was machen die? Alle, die nicht mehr kriegen?«

»Die klatschen Beifall und freuen sich mit.«

»Warum? Die haben doch nichts davon, daß die von der Post jetzt 5% mehr haben. Die müßten doch eher sauer sein.«

»Sind sie nicht.«

»Warum nicht?«

»Die sind ja nicht doof. Die streiken als nächste.«

»Wieder um 5%? Und alle anderen klatschen wiederum Beifall?«

»Na klar.«

»Und dann streiken die nächsten.«

»Genau so ist es.«

»Wie lang geht das?«

»Bis sie alle durch sind.«

Sie dachte laut nach.

»Zwischenzeitlich legen sie das halbe Land lahm, zeitweise fährt kein Zug, kein Bus, fliegt kein Flugzeug, gibt´s keine Briefe. Und das veranstalten sie nur, damit sie das werden, was sie ohnehin schon sind, nämlich alle gleich?«

Schien zwar volkswirtschaftlich bedenklich, aber mathematisch korrekt und nicht unlogisch. Erinnerte mich an Peter Bamms Kleine Weltlaterne, in der er die Mathematik der Weiber beschrieb. Ich ging zu dem Paket und brachte es in den Keller.

»Kann ja nur Männern einfallen«, behauptete sie, als ich wieder nach oben kam, »schwachsinniges System und außerdem noch teuer. Da streiken sie völlig sinnlos bis in den Himmel. Meines wäre jedenfalls viel besser.«

»Welches System?« fragte ich.

»Das umgedrehte, Streik nach unten statt nach oben.«

»Also nicht in den Himmel, sondern in die Hölle?« fragte ich grinsend.

Sie sah mich strafend an. Ihr Zorn hatte sich nicht gelegt. Sie grübelte.

»Also, nehmen wir an, die Hütchenspieler wollen 5% reicher werden als alle andern. Dann müssen sie ja nicht unbedingt dafür streiken, daß sie 5% mehr kriegen. Sie könnten auch fordern, daß allen andern 5% abgezogen würde. Gleicher Effekt. Und einfache Mathematik. Dafür brauchst du nicht mal alle vier Grundrechnungsarten.«

»Du hast was vergessen«, sagte ich.

»Was?«

»Es klatscht niemand mehr Beifall. Es freut sich nur noch der Sieger, die Verlierer sind sauer.«

»Welche Verlierer?«

»Na die, denen man 5% geklaut hat. Oder hast du schon mal von jemandem gehört, daß der sich gefreut hat, weil man ihm etwas weggenommen hat? Gewinnen macht mehr Spaß als Verlieren.«

»Aber der Mißmut besteht doch nur kurzfristig, die Verlierer brauchen nur ein wenig Geduld. Es ist wie vorher, es dauert ein wenig, aber wenn sie alle durchgestrikt haben, sind sie alle wieder gleich. Alles wie vorher.«

Ich war nicht sicher, ob sie das ernst meinte. Konnte sein, daß ihr erfolgloser Postgang noch heftig nachwirkte. Eine Art Rache. An einem Beamten, einer Gewerkschaft, einem System, an der ganzen Welt.

»Wie willst du das eigentlich hinkriegen?« fragte ich, »du würdest eine galaktische Protestwelle auslösen. Das mit dem Wegnehmen funktioniert nicht. Dafür gibt´s kein Gesetz. Bei uns nicht, in Europa nicht, nicht mal in der Äußeren Mongolei. Du kannst es ihnen nicht wegnehmen, es sei denn, du klaust es. Und das kriegst du alleine nicht hin.«

Wiederum dachte sich nach, diesmal nur ganz kurz.

»Ich frage unsere regierenden Volksvertreter. Die alleinigen Besitzer der reinen Wahrheit«, antwortete sie, »die wissen, wie man klaut. Haben sie schon oft bewiesen. Ein bißchen hier, ein bißchen da. Das müssen sie auch tun, sie verdienen ja kein eigenes Geld.«

Sie atmete tief durch.

»Die müßten doch eigentlich daran interessiert sein«, sagte sie dann, »daß durch die ewigen Streiks nicht soviel Geld verplempert wird. Das jetzige System hat keinen Boden, sie können ewig streiken, fordern und mehr bekommen, so oft sie wollen. In meinem System ist die Ewigkeit kürzer, sie können nur solange streiken, bis niemand mehr etwas hat. Wenn der allerletzte streikt, haben sie bis auf den einen alle nichts mehr. Dann sind sie am Ende, sie haben sich aus Gier selbst vernichtet. Wie der letzte Mensch auf den Osterinseln.«

»Was hat denn der damit zu tun?«

»Er hat den letzten Baum gefällt, aus dem man ein Boot hätte bauen können.«

»Er hat kein Boot gebaut?«

»Hat er nicht, es war ihm zu kalt, er hat den Baum verheizt.«

Vier-Julchen

Zunächst hatte ich sie überhaupt nicht bemerkt. Sie saß still auf meinem Zettelkasten, ließ die Beine herunterhängen und schaute bedächtig umher. Wie jemand, der nur so tut, als sei er lebendig. Erst als sie mit den Beinen zu schlenkern begann, wurde ich aufmerksam. Ich hörte mit dem Schreiben auf, schob das Notebook weiter in die Tischmitte.

»Was machst du hier?« fragte ich.

»Ich schau dir zu.«

»Sonst nichts?«

»Richtig.«

»Und wer bist du?«

»Ich bin eine Kalorie.«

»Eine was?«

»Eine kleine Kalorie aus der Wärmelehre.«

Es dämmerte in meinem Kopf. Irgendjemand begann darin herumzukramen. Vermutlich der Hypocampus, er suchte in der Abteilung Physik. Die Kalorie, so fand er heraus, wurde vor einem halben Jahrhundert als Maßeinheit für die Energie zugunsten der Maßeinheit Joule abgeschafft. Aus einer Kalorie wurden damals gut vier Joule.

»Hast du einen Namen?« fragte ich.

»Die meisten nennen mich ›Vier-Julchen‹.«

»Wieso denn gleich vier? Hätte es nicht auch eine getan?«

Vier-Julchen schien an meinem Rechenprozeß teilgenommen zu haben.

»Geht nicht«, widersprach sie, »hast du doch gerade ausgerechnet. Eine Kalorie sind ungefähr vier Julchen.«

»Du meinst Joule.«

»Sag´ ich doch. Aber sie nennen mich Julchen, das klingt netter. Ist auch nicht so wichtig, ich bin ja nicht mehr in der angewandten Physik tätig. Mehr in der Verwaltung. Auf die klassische Wärmelehre pfeife ich. Ich habe es nur mit Menschenkalorien zu tun.«

Menschenkalorien! Vier-Julchen schaute mich gleichermaßen fragend und triumphierend an. Vermutlich wußte sie, daß ich mit diesem Begriff nichts anfangen konnte.

»Wir füttern die Menschen mit Kalorien«, führte sie fort.

Klang ja sehr sozial.

»Und wie macht ihr das?« fragte ich.

»Das kann ich nicht mit ein paar Worten beschreiben, das wird eine Weile dauern.«

»Fang´ einfach mal an!«

»Also«, begann sie, »also, ich gehöre zu der großen Familie der Brennwerte. Manche sagen auch Nährwerte dazu. Aber ich finde es besser, wenn es brennt, wenn ….«

»Wenn was brennt?« unterbrach ich.

»Nun warte doch, ich werde es dir schon beibringen«, verwarnte sie mich.

»Also«, begann sie von neuem, »ich bin eine von tausend aus der mächtigen Familie der Kilokalorien. Wir tun uns mit hunderten weiteren Kilokalorien zu einem riesigen, schlagkräftigen Kalorienhaufen zusammen und sorgen dafür ….«

».... daß es brennt«, wiederholte ich.

Vier-Julchen schaute mich ärgerlich an. Sie rutschte von meinem Zettelkasten auf den Schreibtisch. Erst jetzt bemerkte ich, wie klein sie war. Wirklich winzig. Für größere Brände war sie völlig ungeeignet. Kein Grund also, vor so einem Wichtel Angst zu haben.

»Kannst du nicht einmal ein paar Minuten deine Klappe halten? Oder soll ich aufhören?« schimpfte sie.

»Nun mach´ schon weiter« drängte ich, »du warst bei eurem Kalorienhaufen. Warum seid ihr so viele?«

»Erkläre ich dir später«, antwortete Vier-Julchen und machte eine kleine Pause, als müsse sie nachdenken. »Wir selbst sind nachtaktiv. Tagsüber dösen wir vor uns hin, manche schlafen sogar. Das einzige, was wir tagsüber tun, ist, unsere Mitarbeiter im Außendienst in Schwung zu bringen.«

Wiederum machte Vier-Julchen eine Pause. Gelegenheit für eine Frage.

»Welche Mitarbeiter?« fragte ich. »In der Physik gibt es so etwas nicht. Einen Praktikanten im Labor, das ja. Aber einen Kalorienmitarbeiter nicht.«

»Du kapierst wirklich nichts. Hab´ ich dir doch schon gesagt, daß wir mit Physik nichts zu tun haben. Unsere Mitarbeiter arbeiten ja auch nicht richtig. Sie sind eher Verbrennungsberater oder Kalorienverteiler. Manche nennen sie auch Dickmacher. Sie sind ein ausgebufftes Team. Je mehr Kalorien sie an den Mann bringen, desto besser. Am effizientesten sind die Eiweiße und Kohlenhydrate. Aber vor allem natürlich die Fette. Hast du das jetzt kapiert?«

Na ja, so richtig nicht, dachte ich mir. Je mehr Kalorien sie an den Mann bringen, desto besser, hatte sie gesagt. Irgendwie konnte doch etwas nicht stimmen. Erstens hatte sie die Frau vergessen und zweitens arbeitete sie ja an ihrer eigenen Abschaffung. Sie war ja eine davon, die da verteilt wurden. Wiederum schien sie meine Gedanken erraten zu haben.

»Mach´ dir keine Sorgen, daß wir alle werden«, sagte sie. »Uns gibt´s massenweise, du kannst dir gar nicht vorstellen, wie viele es von uns gibt. Wir stecken in jedem Stück Käse, Fleisch, Schokolade. Auch im zuckerfreien Joghurt, sogar in Semmelbröseln. Überall. Uns bringt niemand um.«

»Und was macht ihr nachts? Du hast gesagt, ihr seid nachtaktiv.«

»Wir kontrollieren das Werk unserer Außendienstmitarbeiter. Wie prüfen, ob sie wirkungsvoll gearbeitet haben. Notfalls unterstützen wir sie.«

»Was meinst du mit ›notfalls‹?«

»Zum Beispiel, wenn wieder mal eine Diäten-Kampagne aus den USA oder sonst woher durchs Land fegt. Wenn sich die Eßgewohnheiten verändern und wir unsere Fette nicht mehr loswerden. Dann geraten wir in Absatzschwierigkeiten und müssen eingreifen.«

»Und was greift ihr dann?«

»Na ja, dann dämpfen wir die Angst vor dem Dickwerden. Wir modifizieren einfach die Regeln oder machen neue, freundlichere.«

»Sag´ mal welche!«

»Zum Beispiel verbreiten wir die Botschaft, daß, wenn man etwas ißt, das keiner sieht, das Essen dann auch keine Kalorien hat.«

Sie schaute mich mit stolzgeschwellter Brust an.

»Ist von mir«, sagte sie, »hab´ ich mir ausgedacht.«

»Habt ihr noch mehr Regeln?«

»Natürlich. Sogar eine wissenschaftlich untermauerte. Sie kommt aus der Physik.«

»Und die wäre?«

Julchens Selbstsicherheit schien unüberbietbar.

»Speisen, die aus dem Kühlschrank kommen oder eingefroren waren, enthalten keine Kalorien«, zitierte sie, »Kalorien sind eine Wärmeeinheit, gefrorene Kalorien gibt´s nicht.«

»Und das glauben euch die Menschen?«

»Und wie«, kam die prompte Antwort, »schau´ dich doch mal um. Oder fliege in die USA, da kannst du das in der Praxis anschauen. In den USA ist unsere Hauptniederlassung.«

Stolz und kerzengerade saß Julchen auf dem Kasten. Sie sah mich herausfordernd an. Ihr Selbstbewußtsein schien keine Grenzen zu kennen.

»Und das funktioniert immer?«

»Na klar. Das heißt fast immer.«

»Warum fast?«

»Wir haben derzeit Probleme mit den Kohlenhydraten. Es schwappt eine Diät über das Land, die die Einnahme von Kohlenhydraten nach 18.00 Uhr verbietet.«

»Und wo ist das Problem?«

Vier-Julchen schaute mich verständnislos an.

»Nun sag´ mir mal, woher so ein Kohlenhydrat denn wissen soll, wann es 18.00 Uhr ist? Da kann es schon zu heftigen Irrtümern kommen. Die wenigsten besitzen Uhren.«

»Dann kauft euch halt welche.«

»Bist du nun total verrückt geworden? Wie meinst du denn, daß das funktioniert? Gehst einfach zum Uhrmacher und verlangst eine Uhr für eine Kartoffel oder ein Knäckebrot. Der ruft doch sofort die Polizei!«

Es war spät geworden. Vier-Julchen wurde unruhig. Sie trippelte umher, lief mal dahin, mal dorthin, setzte sich auf den Zettelkasten, rutschte wieder herunter.

»Was ist los mit dir?« fragte ich, »stimmt etwas nicht?«

»Ich muß nach Hause, es wird bald dunkel. Die anderen warten schon. Ich muß arbeiten. Wenn ich Pech habe, die ganze Nacht hindurch.«

»Und was arbeitet ihr? Wieder an neuen Regeln?«

»Nein, heute nicht. Du hast doch vorhin gefragt, warum wir so viele sind. Ich sag´s dir. Heute verarbeiten wir das tolle Ergebnis unserer Fettmacher. Wir sind die, die nachts die Kleider enger nähen. Ist ´ne Menge Arbeit. Personalintensiv, wir haben keine Maschinen, nur Nadel und Faden. Aber morgen, morgen früh werden sich viele wundern, wie gut wir gearbeitet haben.«

Den kenn´ ich doch

Es fing so an, wie es damals aufgehört hatte. Nicht so, wie ein Regenschauer aufhört. Oder eine Feuerwehrsirene zu schreien. Es hatte sich eher mit einem offenen Ende verabschiedet, ratlos, ohne Auflösung.

Damals saßen wir in einem Restaurant. Sie auf einem Sofa, mit dem Rücken zu einem an der Wand aufgehängten Spiegel, ich ihr gegenüber auf einem Stuhl. Wir hatten bestellt und warteten auf das Essen.

Sie beugte sich über den Tisch.

»Dreh dich jetzt nicht um!« flüsterte sie, »weißt du, wer die Frau in der Ecke rechts neben dem Mann mit dem roten Schal ist?«

»Wie soll das gehen«, flüsterte ich zurück, »wenn ich mich nicht umdrehen darf?«

»Mein Gott, schau einfach in den Spiegel.«

Ich schaute.

»Rechts neben dem Mann sitzt keine Frau, da sitzt ein weiterer Mann.«

»Hast du den Begriff ›Spiegelverkehrt‹ schon mal gehört? Im Spiegel sitzt die Frau auf der linken Seite!«

Ich wollte schon entgegnen, daß niemand in einem Spiegel sitzen könne, auch keine Frau in der Ecke neben einem Mann mit einem roten Schal, ließ es aber dann und schaute. Ich sah eine Stuhllehne, den weißen Kragen einer Bluse unter einer grauen Jacke und den Hinterkopf einer blondgelockten Frau. Mehr nicht. Trotz des Verbotes drehte ich mich um. Erfolglos, auch ohne Spiegel drehte die Frau mir den Rücken zu. ›Spiegelverkehrt‹ gilt nur für rechts und links, nicht für vorne und hinten. Schade eigentlich.

»Na was sagst du?«

»Ich sehe nur eine Stuhllehne, den weißen Kragen einer Bluse unter einer grauen Jacke und den blondgelockten Kopf einer Frau«, sagte ich.

»Kennst du sie?«

»Vielleicht von vorne, von hinten nicht.«

»Aber ich habe sie mal getroffen. Ich weiß nur nicht mehr, wo.«

»Wie kommst du auf die Idee, ich würde die Dame kennen, nur weil du sie schon mal getroffen hast?«

Sie versuchte sich zu erinnern.

»Vielleicht vom Sport? Oder aus der Volkshochschule? Oder von der Geburtstagseinladung von Johanna in dem Restaurant, wie hieß das denn doch gleich? Zum grünen Jäger? Sag´ doch mal was!«

Völlig sinnlos, ich kannte keine Johanna, einen Jäger schon, den aus unserer Dorfkneipe, aber der war nicht grün, sondern meistens blau.

»Ich weiß es nicht«, sagte ich, »ich kann es auch nicht wissen, solange sie so sitzen bleibt. Vielleicht solltest du zu ihr gehen und sie bitten, sich umzudrehen. Dann könnte ich dir sagen, ob ich sie kenne oder nicht.«

»Das meinst du doch nicht im Ernst, ich soll zu ihr gehen und zu ihr sagen ›Stehen Sie doch bitte mal auf und drehen Sie sich um, mein Mann weiß nicht, ob er Sie kennt oder nicht‹?«

»Von Aufstehen habe ich nichts gesagt, nur von Umdrehen.«

Sie kehrte zum Denken zurück. Es ärgert sie, wenn sie sich an etwas nicht mehr erinnern kann. An einen Namen, einen Ort, eine Begebenheit. Zumeist beauftragt sie dann den Hippocampus, ihr Seepferdchen, wie sie es nennt. Das arbeitet gerne, es kann überhaupt nichts anderes, als versteckte Erinnerungen zu erwecken. Vor allem nachts. Es tut nicht weh, man schläft gut, das Seepferdchen arbeitet im Geheimen und wenn man aufwacht, kommt die Erinnerung zurück. Alles schmerz- und gebührenfrei und ohne Rezept.

»Also, du erinnerst dich nicht«, sagte sie schließlich.

»Ich erinnere mich an die Frau, die nichts an hat, als den Gurt auf dem Schild an der Straße von zu Hause in die Stadt, wo ich so oft langfahr. Nicht aber an eine blondgelockte Frau mit einem weißen Kragen unter einer grauen Jacke, die in der Ecke rechts neben einem Mann mit einem roten Schal sitzt.«

Wütend sah sie mich an, der alte Truck-Stop-Song schien ihr nicht gefallen zu haben. Obwohl ich auf das Singen verzichtet hatte.

»Kannst du nicht ein einziges Mal....«, aber der Kellner unterbrach sie.

»Spaghetti carbonara?« fragte er. Ich nickte. Den elsässischen Flammkuchen stellte er vor meine Frau auf den Tisch. Bevor sie sich nochmals aufregen würde, empfahl ich, es nun einfach sein zu lassen, da die einzige Möglichkeit, herauszufinden, wer die Dame war, darin bestand, dieselbe zu befragen. Dies zu tun, lehnte ich ab, da mich weder ihr Name noch ihre Herkunft interessierte, meine Frau befand solches Tun als unhöflich oder sie traute sich einfach nicht. Also blieb es, wie es war; weitere Versuche, Licht in das Dunkel zu bringen, unterblieben. Schon deswegen, weil die blondgelockte Frau und der dazugehörige Mann samt rotem Schal plötzlich bezahlten, ohne sich umzudrehen aufstanden und das Restaurant verließen.

An dieses Ereignis erinnerte ich mich, als wir vor dem Fernsehschirm saßen und einen Krimi anschauten. Nicht den heutzutage tagtäglichen Tatort in Farbe, sondern einen schwarzweißen aus dem letzten Jahrhundert. Einen dieser Wallace Krimis, in denen die wichtigsten Requisiten die Zigaretten waren. Ob Kommissar, Mörder oder Leiche, sie qualmten, was das Zeug hielt. Die Filme spielten zumeist in London, oft an der nebelverhangenen Themse. Filme wie der Zinker, Hexer, Frosch mit der Maske oder die toten Augen von London; die Schauspieler hießen Elisabeth Flickenschildt, Joachim Fuchsberger, Klaus Kinski, Eddi Arent und anders. Wie unser Film hieß, worum es dabei ging, das weiß ich nicht mehr. Denn schon nach ein paar Minuten fragte meine Frau, wer der Bösewicht sei, der da gerade des Schleusenwärters blondes Töchterlein entführt hatte.

»Ist das nicht der Schauspieler, der auch in »Es geschah am helllichten Tag« mitspielt?«

Der Unhold war gerade dabei, das Mädchen in ein Boot zu zerren, das gefährlich zu schwanken begann. Das Mädchen schrie um Hilfe, niemand hörte es an dem verlassenen Bootssteg.

»Hast du meine Frage nicht gehört?«

»Nein, ich schaue gerade den Film an. Welche Frage denn?«

»Ob dieser Schauspieler auch in ›Es geschah am helllichten Tag‹ mitspielt?«

»Du meinst Heinz Rühmann?«

»Der ist es nicht. Ein anderer, ich glaube, der hieß mit Vornamen Gert.«

»Gert Haucke?«

»Der doch nicht. Das war doch der mit ›Papa, Charlie hat gesagt, sein Vater hat gesagt‹.«

»Gert Fröbe?«

»Richtig, Gert Fröbe, der spielte den diabolisch bösen Zauberer.«

Triumphierend schaute sie mich an.

»Wußte ich es doch!« sagte sie.

»Der ist es aber nicht«, korrigierte ich.

Der Triumph verschwand aus ihrem Gesicht.

»Warum?«

»Hast du den Fröbe mal in ›Goldfinger‹ gesehen? Der wiegt doch zweimal soviel wie dieser Hering. Ich weiß nicht, wen du suchst, aber ich weiß, daß es Fröbe nicht war.«

Der Schurke hatte das Mädchen in die Kabine gedrängt und dort mit Handschellen an einem Heizungsrohr befestigt. Er setzte seine schief sitzende schwarze Mütze ab, zündete sich eine Zigarette an und ging nach hinten, um den Motor anzulassen.

»War er doch!« unterbrach meine Frau meinen Versuch zu verstehen, worum es in diesem Krimi gerade ging.

»Wenn wir so weiter reden, kapieren wir die Handlung nie«, sagte ich, »können wir das nicht auf später vertagen?«

»Was vertagen?«

»Na, die Antwort auf die Frage, wo dein Bösewicht sonst noch mitgespielt hat.«

»Ist nicht mein Bösewicht. Außerdem müssen wir das nicht vertagen, ich kann beides, den Film ansehen und nachdenken.«

»Kann ich nicht«, sagte ich, »wollen wir jetzt den Film ansehen oder die früheren Rollen des Entführers des Schleusenwärters blondem Töchterlein aufspüren?«

Keine Antwort. Sie überlegte.

»Dann war´s eben der Pinkas Braun«, sagte sie nach einer gedanklichen Weile, »schau doch mal hin, der läuft doch genau so, wie der Pinkas. Meinst du, der ist es?«

Himmel noch mal. Ich wußte weder, wer Pinkas Braun ist oder war, noch wie jener läuft oder lief.

»Ich habe doch bereits gesagt, daß ich keine Ahnung habe,

ich weiß es nicht. Sag´ mir lieber bitte mal, wie der Film heißt, den wir gerade nicht ansehen können.«

»Warum sollten wir das nicht können?«

»Weil ich nur eines kann. Entweder den Film ansehen oder mit dir reden. Beides kann ich nicht.«

»Ich schon, hab´ ich dir vorhin schon gesagt.«

Am Quai tauchte ein Auto auf, es hielt mit quietschenden Reifen an dem Bootssteg. Eines der Automobile, wie sie es heutzutage nicht mehr gibt. So eines, wie die Londoner Taxen anfangs des letzten Jahrhunderts. Zwei Männer stiegen aus, beide zündeten sich Zigaretten an.

»Keiner mehr da«, sagte der eine, »alle weg«, der andere.

Ich wollte zu der Personensuche etwas beitragen, meine Unkenntnisse der Filmprominenten etwas reduzieren.

»Den einen kenne ich, das ist Sigmund Lomitz, der spielt bestimmt den Kommissar.«

»Macht er nicht«, widersprach sie, »hier spielt kein Sigmund mit. Und ein Lomitz auch nicht. Der Mann in diesem Film heißt Siegfried Lowitz!«

»In welchem Film?«

»Na in dem, den wir gerade ansehen.«

»Und wie heißt der?«

Sie druckste herum.

»Ich glaube, der Titel hat was mit einem indischen Tuch zu tun. Oder mit einem roten Schal.«

Sie wußte also, so faßte ich für mich zusammen, daß Siegfried Lowitz den Kommissar spielte, sie war nicht so ganz sicher, ob Pinkas Braun den Bösewicht machte, bestand aber darauf, daß Pinkas sich wie dieser bewegen würde. Nur eines wußte sie nicht, nämlich wie der Film überhaupt hieß. Hingegen glaubte sie, sich an einen roten Schal erinnern zu können.

»An einen roten Schal«, fragte ich nach, »und eine blondgelockte Frau in der Ecke rechts neben einem Mann?«

Sie schaute mich entgeistert an.

»Willst du mich veralbern? Von welcher Ecke und welchem Mann redest du? Hier wird des Schleusenwärters blondes Töchterlein gerade entführt und du quatschst von einer blondgelockten Frau? Siehst du nicht, wie er sie an den Haaren zieht?«

Gut, dann eben nicht. Film ohne Titel. War ja wahrscheinlich auch nicht wichtig. Was nutzt es schon, wenn man den Titel kennt, sonst aber nichts verstanden hat? Es wurde weiter geraucht, geschrien, geprügelt, geschossen, irgendwann war der Film zu Ende. Ein letzter Versuch.

»Hast du wenigstens kapiert, worum es in dem Film ging?« fragte ich.

»Nicht alles, aber mir ist vorhin eingefallen, in welchem Film der Bösewicht mitgespielt hat.«

»Na sag´ schon!«

Sie dachte nach, irgendetwas schien nicht in Ordnung, sie schaute etwas unglücklich drein.

»Gerade hab´ ich es noch gewußt.«

Der Heilige zweckt die Mittel

Als ich die Kneipe betrat, standen Hanna, Krake, Broder, Beppo und Siegmar von Eisenstein am Tresen und unterhielten sich. Ein aufgeregtes, lautstarkes Gespräch, vermutlich ging es wieder mal um die Politik, die Landtagswahlen standen bevor. Nur Siegmar beteiligte sich nicht an dem Gespräch, ein echter Kneipenhund weiß, wann es besser ist, die Schnauze zu halten.

Ich hatte Hanna schon ewig nicht mehr in unserem Ort gesehen, sie war vor einigen Jahren mit ihrem Mann und den zwei Kindern nach Bayern ausgewandert. Hanna hieß eigentlich Marie-Johanna. Aber so wollte sie nicht genannt werden. Nur Johanna, sagte sie, das reicht. Marie-Johanna klänge so verdächtig nach Rauschgift. Wenn ihren Eltern das schon nicht aufgefallen sei, rechtfertigte sie die Namenskürzung, hätten zumindest die Standesbeamten wach werden müssen. Aber die Beamten hätten damals schon das getan, was sie immer tun, nämlich nichts, so ihre felsenfeste Überzeugung. So lief sie eben mit dem halbierten Vornamen herum, den wir im Laufe der Zeit auf ›Hanna‹ reduziert hatten.

»Sie lügen und betrügen«, behauptete Krake, »wie immer, aber vor den Wahlen noch mehr. Sie kleben an ihren Sesseln und versprechen das Blaue vom Himmel. Hinterher arbeiten sie verstärkt an den Ausreden, warum das alles nicht so gemeint war. Aber was willst du machen, der Zweck heiligt die Mittel.«

Hanna runzelte die Stirn.

»Macht er nicht«, korrigierte sie, »ist umgekehrt, die Mittel heiligen den Zweck.«

Hanna, Expertin für unglückliche Verdrehungen und wissentlich arglistiges Verfälschen von Sprichwörtern und Zitaten. Kein Merkspruch, kein geflügeltes Wort waren vor ihr sicher. Selbst die Androhung: Wer Zitate verfälscht oder sich verfälschte Zitate verschafft, um sie in Umlauf zu bringen, wird gezwungen, an der Rabauken-Sendung »Ich bin kein Star, laßt mich nicht raus« teilzunehmen, hielt sie nicht davon ab, ihr Unwesen zu treiben. Sie spielt mit den verbrieften Weisheiten wie Kinder mit Murmeln. Eine mal dahin, die nächste woanders, ein paar überhaupt nicht, kommt nicht so darauf an. Das letzte Mal, als wir uns getroffen hatten, ging es um den bekannten Krug, von dem behauptet wird, er gehe solange zum Brunnen, bis er bräche. Hanna hatte sich köstlich amüsiert.

»Hallo«, hatte sie gerufen, »schau doch mal da rüber. Siehst du da drüben den Krug? Wo der wohl hingeht? Wahrscheinlich zum Brunnen, um zu brechen. Weil er zu viel gesoffen hat oder ihm sonst wie schlecht ist. Geht überhaupt nicht, ist totaler Unfug.«

»Warum?« hatte ich gefragt.

»Der Krug geht solange zum Brunnen, bis er bricht! Das bedeutet: Der Krug geht und der Brunnen bricht.«

»So ist das nicht gemeint«, hatte ich widersprochen, ohne zu wissen, was sie genau meinte. »Der Brunnen bricht nicht, der Krug soll brechen.«

»Dann ist der Bezug falsch«, hatte sie behauptet. »Der Krug bricht nicht, der geht nur, wenn er brechen soll, muß er am Ende des Satzes stehen. Dann muß es heißen: Der Brunnen geht solange zum Krug, bis jener bricht.«

»Hast du schon jemals einen Brunnen gehen sehen?«

»Nein, aber einen Krug auch nicht.«

»Und warum quatschst du mir dann dieses Sprichwort ein? Was soll ich damit, wenn es doch hinten und vorne nicht stimmt?«

»Ich habe nicht damit angefangen«, ihre Antwort.

»Was für ein Mittel denn?« unterbrach Krake meinen Ausflug in die Vergangenheit. »Denkst du an ein bestimmtes? Vielleicht eines gegen Dummheit?« fügte er nach einem Blick zu Beppo hinzu.

»Geht beides«, mischte sich Beppo ein, »ist wie beim Fernsehen. ›Fernsehen macht blöde‹ und ›Blöde machen Fernsehen‹. Beides ist richtig.«

»Vielleicht gibt´s sogar noch mehr.«

»Mehr was?«

»Mehr Möglichkeiten. Zum Beispiel.....«

Der anerkannte Dorfdepp dachte ebenso angestrengt wie erfolglos nach. Er blickte zuerst Broder an, dann auf den Boden. Es schien, als wolle er Siegmar von Eisenstein um Hilfe bitten, aber jener blieb gelangweilt unter dem Tresen liegen. Er schien Beppo wohl nicht als adäquaten Partner zu akzeptieren, besaß Siegmar doch immerhin einen Intelligenzquotienten in der Größenordnung der Zimmertemperatur. Schließlich kam ihm Hanna zu Hilfe.

»Na ja, die Zwecke mitteln die Heiligen«, schlug sie vor.

»Sag´ ich doch«, bemerkte Beppo, »es gibt noch mehr, die Zwecke mitteln..... .«

Klaus Elberfeld, der ob seiner schier unglaublichen Kenntnisse aus zweieinhalb Semestern Mathematikstudium bereits den Status einer heiligen Dorfkuh erreicht hatte - er konnte bis unendlich zählen, mit einem Tag Pause dazwischen sogar zweimal hintereinander -, hatte die ganze Zeit über das Gespräch aus der Ecke verfolgt.

»Es gibt noch drei weitere Möglichkeiten«, sagte er,

»insgesamt sechs. Kann man ausrechnen, nennt man in der Mathematik Permutation.«

»Muß das nicht Pertubation heißen? Hab´ ich doch irgendwo gelesen, daß da was am Himmel pertubiert ist«, sagte Beppo.

»Du meinst pubertieren, aber das ist nicht im Himmel«, korrigierte Broder.

»Wollt ihr nun wissen wie es geht oder nicht?« unterbrach Klaus das unwissende Geschwätz.

»Na sag´ schon!« forderte Hanna ihn auf.

Klaus Elberfeld setzte sich in Positur. Das macht er immer, wenn er etwas Schwieriges erklären will und dazu einen langen Anlauf benötigt. Für den Beweis, daß minus mal minus plus ergibt, hatte er schon mal eine ganze Stunde gebraucht.

»Also«, berichtete er, »also, die Anzahl der möglichen Anordnungen aus n Elementen beträgt n Fakultät. Das ist das Produkt aus .... .«

»Kannst du das Mathe-Gelaber mal beiseite lassen«, unterbrach ihn Krake, sag´ einfach, was rauskommt!«

Klaus fühlte sich in seiner Funktion als Dorfmathematiker heftig unterbewertet.

»Armleuchter«, murmelte er vor sich hin, »Schwachköpfe allenthalben.«

Laut sagte er: »Wenn ihr es nicht wissen wollt, dann ... .«

»Nun sei nicht gleich beleidigt!« sagte Hanna, »mach´ es eben ein wenig einfacher und kürzer!«

»Nehmen wir drei verschiedenfarbige Bälle, rot, grün, blau. Dann gibt´s sechs mögliche Kombinationen. Rot-grün-blau, rot-blau-grün, grün-rot-blau, grün-blau-rot, blau-rot-grün, blau-grün-rot.«

»Ist in Ordnung, glauben wir«, Krake, »aber was hat das mit unserem Fall zu tun?«

»Ist doch klar«, meinte Klaus, »wir übertragen einfach die Farben. In unserem Fall ist der Heilige dann blau, der Zweck grün und die Mittel sind rot, die möglichen Kombinationen sind dann: Die Mittel heiligen den Zweck, der Heilige ... .«

»Hab´ ich das richtig gehört«, entrüstete sich Beppo, »du willst den Heiligen bläuen? Was willst du denn mit einem blauen Heiligen, dem ist doch völlig gleichgültig, ob er den Zweck mittelt oder nicht.«

»Ist doch scheißegal«, maulte Elberfeld, »es geht doch nur um das Prinzip. Es könnten auch noch die Mittel den Heiligen oder der Heilige die Mittel zwecken, dann haben wir alle möglichen Kombinationen beisammen.«

»Das Tu-Wort ›zwecken‹ gibt´s nicht«, protestierte Beppo. »Zwicken vielleicht, aber ›zwecken‹ nicht.«

»Kannst du nicht mal dein Maul halten«, fuhr ihn Hanna an, »warum soll´s das nicht geben? Es gibt ja auch Krach und krachen, Rede und reden, Kauf und kaufen, warum denn nicht Zweck und zwecken? Wenn du Geld für einen guten Zweck spendest, dann zweckt es gut.«

Sie sah Beppo schief von der Seite an.

»Wie kommst du eigentlich auf das Wort ›bläuen‹, wer hat dir denn das Wort beigebracht?«

»Hab´ ich nur erfunden, weil Klaus den Heiligen blau machen wollte.«

»Aber du hast ›bläuen‹ gesagt!«

»Na weil ›bläuen‹ von ›blau‹ kommt, wie ›freuen‹ von ›Frau‹.«

Ein selten blödes Arschloch, dachte Klaus Elberfeld. Nicht, daß er schrie, aber er wurde lauter.

»Ich habe nur gesagt, wenn der Heilige - ob blau oder nicht - als eines der n möglichen Elemente die Mittel zweckt, eine der n-Fakultät möglichen Anordnungen erzeugt.«

Beppo saß vom Donner gerührt auf seinem Tresenplatz.

»Was willst du mit deinen kranken Anordnungen«, schrie er zurück, »was hast du von sechs, wenn du nicht mal weißt, welche die richtige ist!«

»Für dich hat er eine ganz besondere«, mischte sich Hanna ein. Es ist die, in der der Heilige die Mittel zweckt.«

»Und was soll da für mich gut sein?«

»Der Heilige verschreibt dir ein Heilmittel zwecks Reduzierung deiner Blödheit. Du wirst davon nicht schlauer, aber wenn du es regelmäßig einnimmst, weniger blöde. Ein äußerst wirkungsvolles Mittel, es zweckt hervorragend.«

Schaffung

Ich brauchte eine Auszeit und schloß meine Wortreparaturwerkstatt kurzerhand für einige Monate. An meinem Hauseingang prangte ein großes, weißes, grellrot berandetes Schild mit der Aufschrift »Laßt mich in Ruhe!« Alle meine früheren Patienten wußten das. Oder hätten es wissen müssen. Gleichwohl ignorierten manche meine Bitte. Entweder waren sie derart beschädigt, daß ihnen bereits das Lesevermögen abhanden gekommen war oder sie pfiffen einfach auf mein Ersuchen. Sie zu überzeugen, daß ich meine Tätigkeit für eine Weile eingestellt hatte, war nicht immer einfach. Einige konnte ich nur mit brachialer Gewalt verscheuchen.

Inzwischen vermeide ich derartige Konfrontationen. Wenn es klingelt, gehe ich nicht mehr sofort zur Tür und öffne sie, sondern schleiche auf Zehenspitzen zum Fenster und sehe nach, wer da Einlaß begehrt. Sind es wieder einmal diese nervtötenden Ignoranten, dann warte ich still und geduldig, bis sie die Nerven verlieren und wieder abhauen.

Das alles hatte letzte Woche nicht funktioniert, um nicht zu sagen, war grandios daneben gegangen. Ich war ziemlich sicher, daß es der Briefträger sein mußte, der mir das lang ersehnte Buch bringen würde, vergaß alle Vorsicht, stürzte zur Haustüre, riß jene auf und sagte: »Gut, daß Sie kommen, vielen Dank.«

Aber außer einem Hund auf der anderen Straßenseite war da nichts und niemand, das sich bewegte. Niemand. Bis ich auf den Fußabtreter schaute.

Da standen sie. Sie seien schon mal hier gewesen, sagten sie. Vor drei Tagen. Aber die Türe sei verschlossen gewesen und auf ihr Klingeln hätte niemand geantwortet.

»Das ist auch gut so«, antwortete ich mürrisch. »Ich repariere zur Zeit nicht. Nichts und niemanden. Aus die Maus. Haut ab!«

»Warte!«, wollten das erste Wort wissen, »einen Augenblick. Welche Maus denn?«

»Sei ruhig!« flüsterte das zweite, »sonst hört er uns nicht einmal zu!«

Hatte ich es mir doch gedacht. Chaoten, wie immer.

»Welche Maus denn«, äffte ich sie nach.

Sie drucksten herum.

»Willst du nicht wenigstens wissen, wie wir heißen?« fragten sie.

»Gut«, sagte ich, »wie heißt ihr?«

»Wir sind ein Satz, besser gesagt ein kleiner Satz, ein Sätzchen.«

»*Wir* sagte das erste, ich heiße *wir* und bin ein Personalpronomen.«

»*Schaffen*«, sagte das zweite, »ich bin ein Verb.«

»*Das*«, stellte sich das dritte vor, vielleicht ein Artikel, ein Objekt oder irgend etwas anderes, weiß nicht so genau.«

Ein bedeutungsloser, unpräzise formulierter Satz also, nicht allzu kaputt, vermutlich reparaturfähig. Immerhin wußten zwei Teilnehmer um ihre Bedeutung, nur der dritte hatte vermutlich keine Ahnung, welche Rolle er spielte.

»Ihr heißt also ›Wir schaffen das‹«, sagte ich.

Sie nickten.

»Und was schafft ihr?«

Wieder drucksten sie herum.

»Das ist es ja, wir wissen es nicht. Niemand hat uns gesagt, was wir schaffen sollen, und wie das geht.«

Sie rückten enger zusammen und tuschelten.

»Wir wissen nicht einmal, ob unser Verb seinen Namen richtig verstanden hat. Wir haben gegoogelt, da gibt´s ja eine Menge zu schaffen. Abschaffen, anschaffen, beschaffen, erschaffen, verschaffen und noch mehr. Vielleicht alles Verwandte, an die es sich aber nicht erinnern kann. An seine Vergangenheit auch nicht, es weiß nicht, ob es ein schwaches oder starkes Verb ist.«

»Wieso ist das wichtig?«

»Na, ob es früher *schaffte* oder *schuf* hieß.«

»*Schuf* geht nicht«, verneinte ich.

»Geht wohl. Steht doch in der Bibel. Am Anfang schuf Gott Himmel und Erde. Kannst du bei Moses nachlesen.«

Kannte ich von früher. War eine weitverbreitete Taktik der Chaoten. Mich auf die Bibel zu verweisen. Da würde es schon irgendwo stehen, die übliche Behauptung. Am besten bei Moses anfangen, der hätte ja die Zehn Gebote vom Berg Sinai herunter gebracht. Und eines davon würde mit Sicherheit passen.

»Und was wollt ihr von mir?« fragte ich schließlich.

»Na, Hilfe natürlich. Irgendjemand muß uns doch sagen können, was wir schaffen sollen. Was, wieviel, ab und bis wann? Gibt es ein Ende oder handelt es sich um einen Dauerauftrag? Alle Handwerker brauchen solche Angaben, sonst wird das nichts mit dem Schaffen. Wie denn auch. Jeder Bäcker weiß, wie viele Brötchen er morgen braucht. Oder ein Heringsbrater Heringe. Nur wir, wir wissen nichts. Absolut null.«

Eigentlich hatte ich geschworen, mich nicht mehr mit solchen Problemen zu befassen. Aber der Fall begann mich zu interessieren. Ich überlegte.

»Wer hat euch das mit dem Schaffen denn überhaupt eingeredet? fragte ich.«

»Wissen wir auch nicht so genau, aber wir glauben, es waren welche von der Regierung.«

»Von welcher Regierung?«

»Na von unserer.«

Nach ein paarmal Läuten meldete sich eine weibliche, freundliche Stimme am Telefon.

»Hier spricht die Regierung. Guten Tag, was kann ich für Sie tun?«

»Für mich eigentlich nichts«, antwortete ich. »Aber ich vertrete einen Klienten. Er heißt ›Wir schaffen das‹. Er weiß aber nicht was. Er meint, Sie müßten das wissen. Sie hätten ihn ja schließlich beauftragt.«

»Ich soll das angeordnet haben?«

»Sie vielleicht nicht persönlich, wahrscheinlich jemand aus ihrem Verein. Behauptet mein Klient. Einer aus der Regierung sei es gewesen.«

»In bin nicht die Regierung, nur das Regierungsvorzimmer.«

»Können Sie mir trotzdem weiterhelfen?«

Ruhe in der Leitung. Es dauerte. Entweder die Dame hatte mich vergessen, hatte wichtigere Arbeiten zu erledigen, war in die Kantine zum Essen gegangen. Oder vielleicht einfach in die Stadt ins Kino.

»Sind Sie noch da?« hörte ich es fragen.

»Bin ich, Sie auch?«

»Was soll die Frage?«

»Sie gaben eine ganze Weile keinen Mucks mehr von sich.«

»Ich mußte nachdenken.«

»Und haben Sie?«

»Hab´ ich.«

Wieder Stille in der Leitung. Vielleicht hatte der Denkprozeß zu ihrer totalen Erschöpfung, möglicherweise sogar zu einem Burn Out geführt. War nicht so, sie meldete sich zurück.

»Haben Sie vorhin etwas von ›Schaffen‹ gesagt?«

»Ja, das Wort habe ich verwendet.«

»Dann sind Sie hier ohnehin falsch. Hier schafft niemand was. Und wenn doch, dann ist das geheim. Offiziell existiert dieses Wort nicht. Ich weiß nicht, wie ich Ihnen weiterhelfen könnte.«

»Wer könnte denn?«

»Ich glaube, niemand.«

»Aber Sie haben eine gewaltige Anzahl von Regierungsmitgliedern. Irgendeines müßte mir doch helfen können.«

»Glaube ich nicht. Ist ja kaum einer da. Der Außenminister ist in Ungarn zum Angeln, der Innenminister auf Pilzsuche in der Lüneburger Heide. Das Umweltministerium hat seine Mitglieder in drei Gruppen aufgeteilt; die eine zählt in Alaska die Eisberge, die zweite dokumentiert den Gletscherverfall in den Alpen. Und die dritte befindet sich derzeit auf den Azoren, sie beobachtet, wie das Wetter hergestellt wird. Die vom Verkehr sind dabei, ihr Museum für kaputte Autos einzurichten und die Restlichen halten irgendwo Reden oder bummeln ihre Überstunden ab. Sagen sie zumindest.«

»Klingt eigentlich mehr nach Urlaub als nach Arbeit«, kommentierte ich ihre Liste der Schwerbeschäftigten.

»Sag´ ich doch. Schaffen is´ nicht.«

Die Drei aus dem Sätzchen hatten die ganze Zeit zugehört. Von Minute zu Minute hatten sich ihre Mienen immer mehr verdüstert.

»Die verarschen uns doch«, wüteten sie. »Die halten uns für Idioten! Die können doch nicht mal einen Kiosk verwalten. Was machen wir denn jetzt?«

»Am besten, nichts«, schlug ich vor.
»Und wenn sie das merken? Daß wir nichts tun?«
»Unwichtig. Die tun doch auch nichts.«
Wieder steckten sie ihre Köpfe zusammen.
»Wir denken, das geht nicht. Irgendetwas müssen wir tun.«
»Macht das«, unterstützte ich sie, »gute Idee.«
»Aber wenn jemand fragt, was wir da schaffen?«
»Dann sagt einfach, daß ihr das nicht wißt. Und so richtig Spaß würde es auch nicht machen. Aber ihr wärt mit aller Kraft dabei.«
»Und wenn sie fragen, wann wir damit fertig sind?«
»Dann sagt ihr einfach, daß es dauern würde. Wahrscheinlich lange dauern. Sehr lange. Fast ein Dauerauftrag. Wie damals, als Gott Himmel und Erde schuf.«
»Und du meinst, damit geben sich die zufrieden?«
»Selbstverständlich, das müssen sie ja. Sie wissen ja nicht, was sie euch abverlangt haben.«
Wieder machten sie einen Kreis, um zu beraten. Ich konnte nicht hören, was sie da flüsterten. Aber ihr Tuscheln klang fröhlich.
»So machen wir es«, kam die Antwort.

Frohen Mutes machten sie sich auf den Weg. Sie waren bereits auf der anderen Straßenseite, als einer von ihnen schrie:
»Das geht doch nicht, das mit der Welterschaffung. Dafür brauchte Gott doch nur sieben Tage. Eigentlich nur sechs, denn am siebten hat er sich ausgeruht!«
So laut wie ich konnte, rief ich zurück:
»Da gab es noch keine Politiker, keine Gewerkschaften, keine Länder, keine Grenzen. Und die Erde war noch eine Scheibe.«

Ladysteak

Das alles hatten wir schon mehrfach hinter uns: Deutsche zusammengesetzte Substantive. Wörter wie Kinderflohmarkt, Babybasar, Schrankwand samt Wandschrank. Albertos Spielwiese, solche Wörter liebte er, bereiteten sie ihm doch ein absolut irres Vergnügen, sie möglichst sinnentstellend zu benutzen. Deshalb nahm ich sein gespieltes Entsetzen nicht ernst, als er mich fragte, was ich denn bestellt hätte. Er hatte mich angeschaut, als hätte ich vor seinen Augen eine Katze geschlachtet. Aber von Anfang an.

Wir saßen in einem italienischen Restaurant im Flughafen und wollten, während wir auf Albertos Lufthansa-Flieger nach Neapel warteten, noch etwas essen. Mit Alitalia hatte er sich schon vor langer Zeit zerstritten, er hatte seinen Flug verpaßt, weil Alitalia pünktlich abgeflogen war. Damit hätte er nie und nimmer rechnen können, so seine damalige Behauptung.

Was wir zu essen wünschten, hatte die Bedienung gefragt. Eine ausgesprochen hübsche Frau, schwarze Haare, blaue Augen. Ein Schild an der Jacke ihres dunkelblauen Kostüms wies sie als Frau Sänger aus.

»Saltimbocca«, hatte Alberto geantwortet und war zur Toilette gegangen, um sich die Hände zu waschen.

Ich hatte keinen so rechten Hunger, wollte nur eine Kleinigkeit zu mir nehmen, sah Frau Sänger fragend an.

»Wie wär´s mit einem kleinen Steak«, schlug sie vor, »einem Ladysteak, 150 Gramm.«

Ich nickte bejahend.

»Alitalia hat Verspätung«, grinste Alberto, als er zurückkam, »wie immer. ›Pünktlich‹, das Wort können die nicht einmal buchstabieren.«

»Was du bestellt?«, fragte er, nachdem er den Stuhl zurecht gerückt und Platz genommen hatte.

Ich antwortete wahrheitsgemäß und er zog das beschriebene Katzenschlachtungsgesicht.

»Ein Ladysteak? Du verrückt, bist du den Kannibalen beigetreten? Freßt ihr in eurem Land nun schon Frauen?«

Ich kaufte ihm seine Konsternation nicht ab. Ein Spiel, wie immer.

»Eher selten«, antwortete ich, »eigentlich nur in Notfällen.«

»Und ist Notfall?«

»Nicht direkt, aber es ist das kleinste Gericht, das sie haben. Was ist daran auszusetzen?«

Albertos Miene hatte sich in ein feistes Grinsen verwandelt.

»Barbaren, eßt Rücken von Hase, Haxen von Schwein, Filet von Rind und Steak .... .«

»Von Lady«, ergänzte ich und grinste ebenfalls. »Aber nicht von Lady Sänger«, beruhigte ich ihn. »Wir essen noch vieles andere, wie Jägerschnitzel, Hamburger, sogar heiße Hunde.«

»Sag´ ich doch«, feixte er, »Barbaren.«

»Und wir trinken Kaffee im Gehen«, vervollständigte ich.

Alberto nahm einen Schluck Montepulciano.

»*Cin cin*«, prostete er.

Drüben am Gate Nummer 31, an dessen Display ›Antalya 14.30 Uhr‹ stand, warteten die Touristen in 4-er Reihen auf ihren Abflug. Koffer über Koffer. Einige der Reisenden schienen sich auf eine langwierige Expedition vorbereitet zu haben, andere wollten möglicherweise auswandern.

»Wie spät?« fragte Alberto.

»13.00 Uhr«, antwortete ich.

»Und warum stehen jetzt schon vor Eingang?«

»Weiß ich nicht, vielleicht haben sie Angst, daß sie keinen Platz im Innern bekommen und draußen auf den Flügeln sitzen müssen. Bei verbilligten Reisen ist das manchmal so.«

Frau Sänger brachte die beiden Gerichte und stellte sie vor uns auf den Tisch. Saltimbocca für Alberto, Steak für mich.

»Wie schmeckt Steak von Lady?« fragte er und sah mich grinsend an.

»Ist nicht *von* Lady, eher *für*.«

»Stimmt nicht«, widersprach er, »mit *für* geht nicht, geht nur mit *von*. Hast du mir beigebracht. Das zweite Substantiv ist immer mit *von* vom ersten.«

Er blickte mich triumphierend an. Ich wußte nicht, was er mir damit sagen wollte. »Das zweite ist immer mit von vom ersten!« Hätte ich ihm beigebracht! Nicht einmal mit viel zuviel Chianti im Kopf wäre mir so etwas eingefallen und Drogen nehme ich auch keine. Einfach ignorieren, dachte ich und wendete mich dem Touristenhaufen am Gatter 31 zu. Er begann sich zu bewegen. Die Trollies polterten und stolperten um die Wette vorwärts, bei einem fehlgeschlagenen Überholmanöver hatte ein Stoffkoffer ein Rad verloren und hinkte nun einrädrig hinterher. Der Kofferteil ohne Rad schliff auf dem Boden.

Alberto wischte mit der Hand vor seiner Stirn hin und her.

»Keiner zu Hause?« fragte er.

»Das zweite ist immer von vom ersten, das hab´ ich dir beigebracht?«

»*Chiaro*, Flaschenhals ist Hals von Flasche, nicht für Flasche. Flasche braucht Hals, sonst kommt Chianti nicht raus, aber Hals braucht nicht Flasche. Flasche ist das erste, Hals das zweite. Also ist Flaschenhals Hals von Flasche.«

Beifallheischend wartete er auf meinen Applaus, der sich nicht so recht einstellen wollte.

»Es ist ….«, begann ich, aber er ließ mich nicht ausreden.

»Haustür ist Tür von Haus. Hühnerfeder ist Feder von Huhn. Feder ist das erste, Huhn das…….«

»Ich hab´s kapiert«, unterbrach ich ihn. »Ist aber nicht immer so. Ist nicht immer *von*, ist manchmal auch *für*.«

»Mach´ Beispiel!« forderte er.

Ein Beispiel also.

»Schraubenschlüssel ist Schüssel für Schraube, nicht von Schraube. Genau so wie dein Flaschenhals. Nur umgekehrt. Schraube braucht Schlüssel, aber Schlüssel nicht Schraube. Kann auch Schlüssel für Haus, Fahrrad oder Vogelkäfig sein.

Alberto sah mich verstohlen an, als sei er sicher, daß mit mir irgend etwas nicht stimmte, wüßte aber nur nicht, was.

»Geht auch beides«, fuhr ich unbeirrt fort. »Haushund ist Hund von oder auch für Haus. Oder umgekehrt: Hundhaus, das kann Haus für oder von Hund sein.«

Das war zuviel für ihn.

»Bei uns, Haus für Hund ist *il canile*, und Hund von Haus gibt es nicht. In Napoli, gibt nicht Hund für ein einziges Haus, gibt nur Hund für alle. Alles ist für den Hund.«

Dann machte er eine nachdenkliche Pause.

»Ich bleibe bei von«, sagte er dann. »Wie du es mir zuerst erklärt hast. Von ist wichtiger als für. Von ist die Regel, für die Ausnahme. Kann mir nicht alles merken. Lady hat es gebracht, also ist Ladysteak Steak von Lady. Wie Geschenk von Himmel oder Gruß von Mama. Oder Steak von Rum.«

Er schaute auf seine Armbanduhr.

»Muß los«, sagte er, »war schön bei dir, *ciao*, bis zum nächsten Mal.«

»Es heißt ›Rumpsteak‹, mit ›p‹«, rief ich ihm nach, aber ich glaube, er hörte es nicht mehr.

Ortsschild auf Reisen

Ende Oktober hatten sie sich geeinigt. Wie immer, trafen sie sich im Dorfkrug, um das Ereignis gebührend zu feiern. Schließlich mußte fast ein halbes Jahr vergehen, bis sie sich zusammengerauft hatten. Wobei das Wort »Raufen« nicht wörtlich zu nehmen war, im allgemeinen ging es ziemlich friedlich in den Ortsratssitzungen zu. Nur einmal, vor etwa sechs Wochen hatte Ewald, der Bürgermeister, Beppo eine aufs Maul gehauen, weil dieser jenes nicht halten konnte und bei jeder auch unpassenden Gelegenheit nach dem »Warum« fragte. Ob es denn nicht zwei Meter mehr sein könnten, warum es ausgerechnet zwölf Meter vor Siggis Haus aufgestellt werden müsse. Warum es nicht besser wäre, es mit einer Laterne zu beleuchten. Die »Warums« nahmen kein Ende. Schließlich klatschte Ewald ihm eine und ließ ihn aus dem Dorfkrug werfen. Helga, die kernige Bedienung, half ihm dabei.

Zweiundzwanzig Wochen hatte es gedauert, aber nun stand es fest: Das Ortseingangsschild für Heinbüll sollte um 52,5 Meter weiter nach Osten in Richtung Zweibüll versetzt werden. Diese komische Zahl hatte Klaus Elberfeld, der Mathematiker, errechnet. Da sie sich nicht auf einen gemeinsamen Wert hatten einigen können, hatte Hinner vorgeschlagen, es wie mit den Noten beim Skispringen handzuhaben. Von den abgegebenen Werten sollten der niedrigste - 12 Meter von Hannes - und der höchste – 81 Meter von Jens - gestrichen und das arithmetische Mittel aus den verbliebenen dreien ermittelt werden. Und da kam eben 52,5 Meter heraus.

Eigentlich waren es ja 52,58 Meter und hätte demnach auf 52,6 Meter aufgerundet werden müssen. Den Rechenfehler hatten sie erst später bemerkt, beließen es aber bei dem von Klaus errechneten Wert, obwohl jener anbot, die komplizierte Berechnung nochmals durchzuführen. Was das Ergebnis nicht sonderlich verfälschte, aber an Klaus Elberfelds Status als heiliger Dorfkuh heftig rüttelte.

Ewald, der schwarze Bürgermeister, lobte den unter seiner Führung außergewöhnlich intensiven Einsatz aller Beteiligten bei der Lösungsfindung und bezeichnete sowohl das Verfahren als auch das unter schwierigen Umständen schlußendlich erzielte Ergebnis als Beispiel wirksamer, demokratischer Arbeit. Er verband damit die Bitte, man möge doch bei den nächsten Wahlen das Kreuz an die richtige Stelle setzen. Im besonderen dankte er Klaus für die wissenschaftliche Unterstützung.

So saßen sie also zufrieden im Dorfkrug und feierten gemeinsam und ausgiebig ihre gemeinsam beschlossenen 52,5 Meter. Bis auf Siggi, der protestierte heftig, wollte das Ergebnis nicht anerkennen. Er hielt die von Hannes eingebrachten 12 Meter für eine gezielte Provokation. Von einer so niedrigen Weite habe er noch nie gehört, derartig kleine Skischanzen gäbe es nicht mal in Holland. Der Protest dauerte allerdings nur zwei Bier und drei Korn. Sogar Beppo wurde wieder in den Kreis aufgenommen, nachdem er geschworen hatte, fürderhin bei komplizierten und verzwickten Verhandlungen sein Maul zu halten. Nur zweiundzwanzig Wochen hatten sie gebraucht, also 2,386 Meter pro Woche, wie Klaus millimetergenau bestätigte. Der neue Platz für das aufzustellende Ortsschild war bereits gekennzeichnet, Schaufel, Hacke und die anderen benötigten Werkzeuge lagen bereit, fehlten nur noch Bestätigung und Genehmigung des Rates in der Kreisstadt.

Aber dann nach zwei Wochen die böse Überraschung: Der Rat zweifelte zwar das Rechenergebnis nicht an, sah sich aber nicht in der Lage, es auch zu billigen. Bei Ortseingangsschilderortsveränderungen größer als 50 Meter handle es sich nicht mehr um eine lokale, sondern eine regionale Maßnahme. In dem Schreiben zitierten sie eine Menge wilder Paragraphen und Gesetze und legten eine Kopie der gültigen Örtlichen Bauvorschrift bei, in der allerdings das Ortsschild mit keiner einzigen Silbe erwähnt wurde. Alles in allem: Sie könnten dieser Maßnahme ohne Rücksprache mit der Landesregierung nicht zustimmen, würden sich aber beeilen, sich noch in diesem Quartal mit jener in Verbindung zu setzen.

Was sie dann mit großem Erfolg auch taten. Schon nach einigen Wochen empfing der Rat der Kreisstadt einen Brief mit der Aufschrift »Streng geheim«. Die einschlägigen Fachbearbeiter seien derzeit im Urlaub, krank oder anderweitig überfordert, man bäte deshalb um Verständnis, daß es eine Weile dauern würde, bis die entsprechenden Analysen, Beurteilungen und letztlich das Resultat für das geplante Projekt zur Verfügung ständen.

Die Weile dauerte. In der Tat. Bis die Spezialisten genesen, die Urlauber zurückgekehrt und die anderweitig Überforderten geneigt waren, sich wieder ihrem Beruf zu widmen, war es Frühling geworden. Noch nicht so richtig, aber die ersten Weidenkätzchen krochen bereits hervor, die ersten Pollen begannen zu fliegen. Die Tage wurden länger. So etwa zwei Wochen vor der Wiederaufnahme der Sommerzeit passierte es: Ein weiterer Brief aus der Landeshauptstadt landete im Rathaus der Kreisstadt. Man habe das Heinbüller Ortseingangschilderortsveränderungsvorhaben eingehend geprüft und vom Grundsatz her als für gut befunden. Das Vorhaben müsse aber noch an einigen Punkten modifiziert werden. So fänden zum Beispiel die Bestimmungen der Straßenverkehrsordnung noch nicht die gebührende Beachtung. Ortsschilder – gemäß Anlage 3 zu Paragraph 42 Absatz 2 der Straßenverkehrsordnung als Zeichen 310 und 311 ausgewiesen - seien ohne Rücksicht auf Gemeindegrenze und Straßenbaulastgrenze dort anzubringen, wo ungeachtet einzelner unbebauter Grundstücke die geschlossene Bebauung auf einer der beiden Seiten der Straße beginnt oder endet. Dies sei aber in Heinbüll nicht der Fall. Außerdem benötige man noch einen detaillierten Finanzierungsplan. Vor dem endgültigen Bescheid müsse man sich noch mit der Bundesregierung auseinandersetzen. Wiederum folgten als Begründung furiose Gesetze, diesmal war sogar eines aus dem Grundgesetz dabei. Der Brief endete mit der Bemerkung, man würde im Laufe des Sommers von sich hören lassen.

Ratlos saßen sie wieder im Dorfkrug. Ewald saß sichtlich geknickt vor seinem Bier, Siggi schimpfte vor sich hin, die anderen bezeichneten die in der Landeshauptstadt als faule Bürokratensäcke, Krake verstieg sich sogar zu der Bezeichnung Arschgeigen, die bestimmt erst noch in Brüssel nachfragen werden.

Hinner vermutete, daß es ärgerlich lange dauern würde, er habe in der Zeitung gelesen, daß das Innenministerium derzeit prüfe, ob die gesetzlichen Regelungen für Ortsschilder gelockert werden können. Allerdings ginge es dabei nicht um die Standorte, sondern um die Frage, ob die Schilder mit Namenszusätzen versehen werden dürften. In Hessen und Nordrhein-Westfalen sei dies bereits erlaubt. Ebenfalls in Brandenburg, so zum Beispiel in Neuruppin, dort stünde zusätzlich »Fontanestadt« auf dem Schild. Nun werde geprüft, ob eine entsprechende Regelung in das Landesrecht übernommen werden könne.

Und wie Hinner vermutet hatte, dauerte es in der Tat. Die Schwimmbäder hatten schon lange geöffnet, das Schützenfest war bereits vorbei, ein sonniger August war ins Land gegangen und einige Schwimmbäder hatten wieder geschlossen. Im Oktober feierten sie das einjährige Jubiläum, als der befreiende Brief aus der Landeshauptstadt eintraf. Ewald ordnete eine außerplanmäßige Sitzung des Ortsrates an, Donnerstag um 19.30 Uhr im Dorfkrug. Er las laut vor:

»Die Landesregierung stimmt dem geplanten Projekt des Heinbüller Ortsrates zu und faßt dazu den folgenden Ortseingangsschilderortsveränderungsbeschluß:

»Das Ortseingangsschild in Heinbüll darf um 52,5 Meter in Richtung Osten versetzt werden. Dieser Beschluß gilt jedoch vorbehaltlich der in Brüssel noch zu genehmigenden Mittel. Die Landesregierung hat aber im Vorgriff auf die als sicher geltende Befürwortung bereits den Rat der Europäischen Union informiert, jener habe das Projekt ohne Gegenstimme in den nächsten, zehnjährigen Haushaltsplan eingebracht. Die Zustimmung des Europäischen Parlaments sei nur eine Frage der Zeit, es gelte aber als sicher, daß das geplante Vorhaben spätestens im letzten Drittel des angedachten Zeitraums realisiert werden könne.«

Die Kommentare fielen verschieden aus. Ewald brachte nur ein einziges Wort heraus, »Scheiße!« fluchte er.
  »Schon das Wort!« frozzelte Siggi, »die haben sie doch nicht mehr alle. Ortseingangsschilderortsveränderungsbeschluß, der heimliche Traum eines jeden Scrabble-Spielers.«
  »In der Zeit bauen die Chinesen ihre alte Mauer wieder auf«, bemerkte Hinner.
  »Oder der Berliner Flughafen wird fertig«, fügte Jens hinzu, »ob das meine Kinder noch erleben werden?«
  »Hab´ ich´s doch gewusst, alles Arschgeigen«, sagte Krake.

»Was machen wir denn jetzt?« fragte Klaus.

»Nichts«, antwortete Ewald.

Aber sie hatten nicht mit Klaus Elberfeld gerechnet.

»Es gibt im Internet Schilder zum Selbermachen«, sagte er, »schon für 49,99 €. Darauf können wir schreiben, was wir wollen.«

»Und was machen wir mit dem jetzigen Schild?« fragte Beppo, »das können wir doch nicht einfach herausreißen!«

»Reißen wir nicht«, entgegnete Klaus. »Wir ziehen einfach einen Kartoffelsack drüber.«

»Das entspricht aber nicht den Gesetzen der Straßenverkehrsordnung«, mahnte Ewald.

»Aber der Kartoffelsackverordnung der EU«, widersprach Krake.

»Die gibt´s noch nicht. Nicht so laut«, warnte Jens, »sonst machen sie noch eine.«

»Trauen sie sich nicht.«

»Trauen sie sich doch. Bei der Schnullerkettenverordnung hätte auch niemand geglaubt, daß sie das ernst meinen. Haben sie aber. 8 Kapitel, insgesamt 52 Seiten.«

»Bis nächsten Samstag«, sagte Ewald und verschwand.

Sonntag Vormittag prangte eine neues, 52,5 Meter nach Osten in Richtung Zweibüll versetztes Schild an der Straße. Ewald hatte es besorgt, Hinner die Schaufeln und Siggi den Kartoffelsack. In der ersten Zeile stand in dicken schwarzen Buchstaben »Willkommen in Heinbüll«, darunter in etwas kleinerer Schrift und in Klammern »(gilt nur vorläufig)«.

In der untersten Zeile stand in Großbuchstaben »SCHEISS BRÜSSEL«. Darauf hatte Krake bestanden.

Schwarzer Dialog

»Das kannst du so nicht sagen, das ist politisch nicht korrekt.«

»Das ist was?«

»Politisch nicht korrekt.«

»Verstehe ich nicht.«

»Dann etwas ausführlicher: Das entspricht nicht den Regeln der ›Political Correctness‹.«

»Und was darf ich deshalb nicht sagen?«

»Du darfst einen Neger nicht ›Neger‹ nennen.«

»Aber wenn er doch einer ist?«

»Macht nichts. Darfst du trotzdem nicht. Korrektheit ist nicht verhandelbar.«

»Politik *und* Korrektheit! Das geht nicht. Und *oder* Oder, in Ordnung. Und *und* Und, nein.«

»Was faselst du da?«

»Das eine oder das andere, das funktioniert. Beides zusammen in keinem Fall.«

»Woher weißt du das?«

»Von Magnus.«

»Welchem Magnus?«

»Enzensberger. ›Die Überzeugung, daß er es draußen im Lande mit Millionen von Idioten zu tun hat, gehört zur psychischen Grundausstattung des Politikers‹. Ist nicht von mir, ist von Magnus.«

»Und du meinst, er hat recht?«

»Na sicher. Sie lügen, wenn sie den Mund aufmachen. Und sie betrügen. Sie versprechen das eine und machen das andere. Meistens das Gegenteil.«

»Wer sind ›sie‹?«

»Die Hohen Priester der verschwommenen Reden und alleinigen Besitzer der reinen Wahrheit. Die Gralshüter des universellen Wissens, die nie was zu Ende denken können.«

»Und das denkst du auch?«

»Natürlich! Wer denen glaubt, der kauft sich auch auf einer Butterfahrt eine elektrische Heizdecke! Ein Politiker, der kann nicht anders, der muß lügen. Dafür wurde er ausgebildet. Dafür bestand er den Eingangstest.«

»Welchen Test?«

»Seine Eignungsprüfung am Lügendetektor. Nur die besten Lügner können diese Hürde passieren. Wer es mit der Wahrheit zu ernst meint, der fliegt raus. Die Lügenbolde haben eine politische Karriere vor sich. Und wenn sich der Detektor ob der unglaublichen Dreistigkeiten in seine Einzelteile zerlegt, dann wird für den Kandidaten ein Ministerposten reserviert.«

»Vielleicht sind sie ja keine Naturlügner, möglicherweise werden sie dazu politisch gezwungen.«

»Gezwungen wozu?«

»Zur Notlüge. Weil die Wahrheit den Menschen nicht gut tut. Sie lügen aus Barmherzigkeit.«

»Sie hauen andere barmherzig übers Ohr und halten das für in Ordnung. Aber wenn ich einen Neger ›Neger‹ nenne, bezichtigst du mich der Inkorrektheit. Und das hältst du für rechtens?«

»Weil das Wort ›Neger‹ diskriminierend ist. Weil es eine Assoziation zu Kolonialismus, Sklaverei und Rassentrennung herstellt. ›Neger‹ gilt heute als rassistische Bezeichnung für schwarze Menschen. Es gibt Pferde-, Hunde-, Kaninchen- und alle möglichen Rassen. Menschenrassen nicht mehr.«

»Kann ja nicht sein.«

»Wieso?«

»Weil vor internationalen Fußballspielen immer gegen den Rassismus demonstriert wird. Da machen Fußballspieler aus aller Welt mit. Einer nach dem anderen taucht auf dem Schirm auf und sagt: ›Nein zum Rassismus‹. In seiner Landessprache natürlich. Nur ein Schwarzer ist nicht dabei.«

»Was willst du damit sagen?«

»Na zweierlei. Wenn sie gegen Rassismus protestieren, muß es doch eine Rasse geben. Was gäbe es denn zu protestieren ohne Rasse. Das eine geht nicht ohne das andere. So wie kein Humanismus ohne Humanist, kein Buddhismus ohne Buddhist oder kein Organismus ohne Organist. Sie werden doch nicht gegen etwas protestieren, das es gar nicht gibt.«

»Und zweitens?«

»Ein nicht politisch korrekter Neger protestiert nicht mit. Müßte er, wenn er sich inkorrekt behandelt fühlen würde. Macht er aber nicht. Ist also korrekt. Demnach kann ich ihn ›Neger‹ nennen.«

»Kannst du nicht. Und Schwarzen übrigens auch nicht.«

»Nicht alle Schwarzen sind schwarz. Die aus Schwarzafrika vielleicht, manche Nordafrikaner aber sind eher hellschwarz oder nur schwarzbraun.«

»Schwarzbraun?«

»Wie die Haselnuß.«

»Nun reicht´s aber. Schwarzbraun ist die Haselnuß, ein Soldatenlied! Das geht in keinem Fall.«

»Dann eben schwarzbunt.«

»Das geht gar nicht. So nennen sie in Ostfriesland die Kühe.«

»Ich darf einen Schwarzen also nicht ›farbig‹ nennen?

»So ist es.«

Aber der darf einen Weißen ›weiß‹ nennen.«

»So ist es auch.«

»Warum?«

»Weil ›weiß‹ politisch korrekt ist, ›schwarz‹ nicht.«

»Und wenn der Neger ›Schwarzer‹ heißt, wie diese Alice? Was dann?«

»Dann redest du sie halt mit ›Frau Schwarzer‹ an.«

»Bist du verrückt, der haut mir eine runter! An seiner Stelle wäre es mir dann schon lieber, man würde mich ›Neger‹ nennen.«

»Ich habe nicht einen männlichen, sondern eine weibliche Schwarzer gemeint.«

»Ist mir egal. Ich verwende weder Titel noch Anrede, ich spreche ihn nur mit seinem Nachnamen an. So, wie ich Heuselmann anspreche, wenn ich ihn auf der anderen Straßenseite sehe. ›Hallo Heuselmann, wie geht´s?‹ rufe ich ihm zu. Könnte ich doch auch ›Hallo Schwarzer, mach´s gut‹ sagen.«

»Könntest du, solltest du aber lieber lassen. Könnte er als Affront aufnehmen, weil einfach zu verwechseln. Er könnte denken, du meinst seine Hautfarbe und nicht seinen Namen.«

»Ich kann also nicht mit ihm sprechen, weil ich nicht weiß, wie ich ihn nennen darf. Neger geht nicht, Farbiger geht nicht, Schwarzer auch nicht, nicht einmal, wenn er so heißt. Was geht überhaupt?«

»Nun, ›Afrodeutscher‹, das geht. Das ist politisch korrekt.«

»Wer behauptet das?«

»Google.«

»Kennst du das Kinderlied ›Zehn kleine Afrodeutschlein‹? Ist doch bescheuert. Ich nenne einen Italiener, der hier lebt, doch auch nicht ›Italodeutschen‹. Oder einen Franzosen ›Francodeutschen‹. Blöde Sprachkonstruktion. Wenn der ›afrodeutsche‹ Neger nach Dänemark reist, dann nach Schweden, dann nach Finnland, wird er dann an den Grenzen zum

›Afrodänen‹, ›Afroschweden‹, ›Afrofinnen‹?«
»Nein.«
»Wozu dann?«
»Er wird zu einem »Rotationseuropäer mit Migrationshintergrund‹.«
»Das ist nicht dein Ernst!«
»Ist doch. Ist amtlich.«
»Dann lieber ›Mohr‹. ›Schweden-Mohr‹ oder ›Finn-Mohr‹ zum Beispiel, das klingt doch gut. Das kann überhaupt nicht inkorrekt sein. Der Mohr ist uralt, den gibt´s schon mindestens zweitausend Jahre.«
»Woher weißt du das?«
»Aus der Bibel. Er steht Weihnachten in der Krippe. Neben dem Esel. Ein Mohr mit seiner Frau.«
»Das ist nicht seine Frau, das ist Melchior, ein König aus dem Morgenland.«
»Und warum ist keine Frau dabei?«
»Ist doch eine da. Maria, die reicht.«
»Aber eine Königin wäre doch schön gewesen. Statt Melchior.«
»Warum?«
»Wegen der Frauenquote, zwei Frauen, zwei Könige und Joseph.
»Welche Frauen?«
»Hab´ ich doch schon gesagt, die beiden, Maria und die Möhre.«
»Welche Möhre?«
»Na die Frau von dem Mohr, die heißt Möhre.«
»Das geht nie und nimmer. Möhren sind rot. Und ›Rothaut‹ ist bestimmt auch nicht politisch korrekt. Da hast du die Indianer am Hals.«
»Winnetou, die Oberrothaut.«
»Du meinst Pierre Brice?«

»Meine ich. Winnetou, der politisch korrekte Frankoindianer.«

»Jetzt reicht´s aber. Nun hast du fast alle Farben durch. Fehlt nur noch gelb.«

»Gelb ist unbrauchbar, gelb scheidet aus der politisch korrekten Farbsammlung aus. Gelb ist nicht möglich.«

»Warum das denn nicht?«

»Weil Chinesen naturkorrekt sind. Sie können ›correctness‹ überhaupt nicht aussprechen, sie sagen ›collectness‹ dazu. Und sie begrüßen Herrn Schwarzer mit ›Hell Schwalzel‹. Auch wenn ›el‹ kein ›Negel‹ ist. Ist also alles ›kollekt‹.«

»Ich glaube, du tickst nicht mehr richtig.«

»Bist du da sicher?« »Todsicher! Wenn du so weitermachst, sehe ich schwarz für dich.«

»Wie schwarz?«

»So schwarz, wie geht. Sagen wir, maximal pigmentiert.«

Uhrenvergleich

Sie sollten alle pünktlich um 14.00 Uhr am Bahnhof eintreffen. Sie, das waren Hannes, Siggi, Klaus und Hinner. Da sie unbedingt das Fünf-Personen-Mehrfachticket ausschöpfen wollten, nahmen sie noch Beppo mit. Sie betrachteten dies einerseits als zweckmäßige, andererseits als freundschaftliche Geste. Beppo war noch nie allein mit der Bahn gefahren und nach ihrer Überzeugung war er auch zu doof dazu.

Hannes hätte sich zu Tode geärgert, wenn er einen leeren Platz an die Deutsche Bahn hätte verschleudern müssen. Was ihm schon einmal passiert war. Siggi war damals zu spät am Bahnhof erschienen, der Platz war futsch. Es hätte an seiner Uhr gelegen, hatte Siggi später behauptet. Das sollte ihm nie wieder passieren, so schwor Hannes. Einem Studenten das Ticket schenken, in Ordnung. Einem Arbeitslosen ebenso, selbst einem verarmten Adligen, falls sich sonst niemand fände. Aber in keinem Falle der Deutschen Bundesbahn.

»Also bis 14.00 Uhr«, sagte er.

Alle nickten.

»Uhrenvergleich!« ordnete Hannes an.

»12.03 Uhr« sagte Hinner, »12.16 Uhr« Jens und Klaus 12.22 Uhr.

»Sagen wir 12.15 Uhr«, entschied Hannes. Klaus´ Elberfelds Einwand, der genaue arithmetische Mittelwert belaufe sich auf 12 Uhr, 13,67 Minuten, verwarf Hannes, da Beppo seinen Wert noch nicht abgegeben hatte.

»Beppo, Uhrenvergleich!« mahnte Hannes nochmals an.

»Tchibo«, antwortete Beppo, »meine ist von Tchibo. Früher hatte ich eine von Rolex, eine Copywatch und eine Swatch unisex , aber jetzt habe ich nur noch …..«

»Mein Gott, Walter«, unterbrach ihn Hannes. »Ich will wissen, wieviel Uhr du hast, nicht die Marke.«

»Wieviel?«

»Herrgott noch mal! Ja, wieviel!« herrschte Hannes ihn an.

»Hast du taube Ohren?« wehrte sich Beppo. »Wieviel? Habe ich doch gerade gesagt! Früher hatte ich drei, jetzt hab´ ich nur noch diese eine von Tchibo. Die Rolex ist kaputt und die Swatch unisex habe ich Helga geschenkt.«

Sie schauten sich alle entgeistert an. Daß Beppo nicht der schlaueste war, das wußten sie. Schließlich hatte er es zum Dorfdeppen gebracht. Hinner faßte sich als erster.

»Vielleicht hat er ja recht«, mischte er sich ein, »›Uhrenvergleich‹ heißt, die Uhren untereinander zu vergleichen. Kirchturmuhren, Wanduhren, Stechuhren, Armbanduhren und so weiter. Sonst hättest du ›Uhrzeitvergleich‹ sagen müssen.«

»Genau«, pflichtete Beppo eifrig bei.

»Uhrenvergleich vergleicht Uhren. Ist wie Straßenfeger fegt Straße. Oder wie Heimkehrer kehrt Heim«, fuhr Hinner fort.

»Und wie Taubenschlag schlägt Taube«, ergänzte Beppo.

Hannes verdrehte die Augen. Er war sich nicht einig, welchen der beiden er für dämlicher hielt.

»Also nochmal, Uhr-zeit-vergleich!« befahl er.

Hinner 12.08 Uhr, Jens 12.21 Uhr, Klaus 12.27 Uhr.

Beppo sagte nichts.

»Was ist denn nun wieder?« schimpfte Hannes. »Mußt du erst zu Tchibo fahren und um eine Gebrauchsanweisung bitten?«

»Ich weiß nicht, wie viel Uhr es ist. Ich habe meine Uhr nicht dabei. Sie ist daheim.«

»Wo heim?«

»Na daheim, wo ich wohne, sie ist zu Hause.«
»Dann hol´ sie!«
»Geht nicht.«
»Warum?«
»Hab´ keinen Schlüssel, komm nicht rein. Zu Hause ist zu. Sagt ja schon das Wort.«

Es war der Augenblick, in dem Hannes dabei war, seinen Schwur, der Deutschen Bundesbahn nie und nimmer einen Platz zu schenken, zu überdenken begann.

»Du kannst nicht rein, weil zu Hause das Haus verschlossen ist?« schrie er.

»Sag´ ich doch«, erwiderte Beppo, »zu Hause, Haus zu.«

»So wie Zimmerpflanze pflanzt Zimmer, Segelflieger fliegt Segel, Küchensieb siebt Küche«, grinste Hinner.

»Genau, wie Windmühle mühlt .....«

Wollte Beppo hinzufügen. Aber weiter kam er nicht. Hannes hatte ausgeholt und ihm eine geklatscht.

»Wie Backpfeife pfeift Backe«, sagte er noch, als er verschwand.

Gerüchte besagen, daß sie zu viert gefahren seien und den freien Platz am Bahnhof einem Dösbaddel aus Zweibüll mit der Bemerkung, dieser könne überhaupt nicht blöder als Beppo sein, geschenkt haben sollen.

Schlüsselfrage

»Die Schlüsselfrage, warum heißt sie so?«
»Wer ist ›sie‹?«
»Na, die Frage, was denn sonst?«
»Du hättest ja auch den Schlüssel meinen können.«
»Hätte ich nicht!«
»Warum nicht?«
»Weil ich dann nach ›dem‹ Schlüssel gefragt hätte. ›Der‹ Schlüssel ist maskulin, ›die‹ Frage ist feminin.«
»Die Schlüsselfrage auch.«
»Aus welchem Grund?«
»Weil das im Deutschen so ist. Für die grammatikalischen Merkmale einer substantivischen Zusammensetzung ist der letzte Bestandteil dieser Komposition verantwortlich. So bestimmt das zweite Wort den Genus.«
»Wer sagt das?«
»Der Duden.«
»Ist immer so?«
»Immer.«
»Gib´ Beispiel!«
»Das Haus, ›die‹ Tür, ›die‹ Haustür. Oder: ›Die‹ Wand, ›der‹ Schrank, ›der‹ Wandschrank. Geht auch umgekehrt. ›Der‹ Schrank, ›die‹ Wand , ›die‹ Schrankwand. Kapiert?«
»Noch nicht ganz. Aber wird schon werden. Ist nur eine Frage der Zeit.«
»Eine Zeitfrage?«
»Ja. Eine Frage der Zeit. Wie bei einem Frauenschuh, der Schuh gehört der Frau. Oder eine Männerhose. Hose

gehört Mann. So gehört die Frage der Zeit. Sie stellt die Frage.«
»Und wen oder was fragt sie?«
»Zum Beispiel, wo der Schlüssel ist. Sie stellt die Schlüsselfrage. ›Wo ist der Schlüssel?‹ fragt sie.«
»Macht sie nicht.«
»Was denn dann?«
»Sie fragt nicht nach einem speziellen Schlüssel. Sie ist allgemein gültig. Die Schlüsselfrage wird so genannt, weil sie eine zentrale Frage ist, die einen Schlüssel zu etwas enthält. Einen Schlüssel, der eine Tür öffnet.«
»Die Frage macht die Tür auf? Und das hilft?«
»Die Frage allein hilft nicht weiter. Nur die Antwort. Du kannst fragen, wie morgen das Wetter wird. Ohne Antwort wirst du es nicht wissen, du kannst fragen, solange du willst. Und wenn du eine Antwort bekommst, kannst du nicht sicher sein, ob sie auch stimmt. Auch Wetterfrösche irren ab und zu.«
»Was dann?«
»Mußt du abwägen. Wenn du der Antwort nicht traust, mußt du sie eben in Frage stellen. Dann wäre es besser gewesen, sie überhaupt nicht gestellt zu haben.«
»Wen?«
»Die fragliche Frage. Es sei denn, du hast eine falsche gestellt. Dann kannst du auch nicht mit einer richtigen Antwort rechnen.«
»Falsche Fragen gibt es nicht. Fragen sind neutral, nur die Antworten sind falsch oder richtig.«
»Muß nicht sein. Geht auch dazwischen, sagen wir halb wahr, halb unwahr. Mampe, gewissermaßen.«
»Du meinst eine politische Antwort?«
»So ungefähr.«
»Was heißt ungefähr?«

»Weil Politiker keine Frage benötigen, um zu antworten. Ihre Antworten sind vorfabriziert. Die ziehen sie aus dem Hut, bevor du deine Frage gestellt hast. Das nennt man Rhetorik.«

»Das nennt man wie?«

»Rhetorik. Kommt aus dem Altgriechischen und bedeutet ›Redekunst‹ oder ›Kunst der Beredsamkeit‹.«

»Eine Kunst ist das nicht. Ich denke, das ist eher Betrug. Das sollten sie korrigieren.«

»Machen sie ja auch. Sie behaupten am nächsten Tag, das hätten sie *sooo* nicht gemeint. Betrug beschreibt die Vergangenheit. Deshalb heißt er auch so. Die Gegenwart von Betrug heißt Betragen.«

»Wenn sie für ihre Antworten überhaupt keine Fragen benötigen, was hat es dann noch für einen Sinn, dieselben zu stellen?«

»Keinen. Bestenfalls sehr einfache. Wieviel Uhr es ist, zum Beispiel, oder wie viele Monate ein Jahr hat. In keinem Fall aber eine Schlüsselfrage. Damit können sie nichts anfangen. Für eine Schlüsselfrage brauchst du wirklich eine kompetente Person. So eine wie Obama, Franz Beckenbauer oder den Papst.«

»Papst wäre gut. Reicht auch ein Kardinal?«

»Ginge auch, aber warum?«

»Weil ich dem statt einer Schlüsselfrage auch eine Kardinalfrage stellen könnte. Wenn ihm die Frage gehört, muß er das doch wissen.«

»Wissen was?«

»Warum die Schlüsselfrage Schlüsselfrage heißt.«

Deppenmillionär

Von und über Anton habe ich schon mehrfach berichtet. Schrauber in einer großen Fabrik, in der er kleine Teile aneinanderfügte. Begeisterter Fußballanhänger; wann und wo immer sich die Gelegenheit ergab, sich ein Spiel anzusehen, war er dabei. Nicht auf dem Fußballplatz, sondern zu Hause im Fernsehsessel in Begleitung einiger Flaschen Bier. Die Frage nach dem ›Wo?‹ erübrigte sich somit, das ›Wann‹ bezog er aus der Fernsehzeitung.

Anton kannte alle Mannschaften und deren Spieler samt Alter, Gewicht, Länge und sonst noch was. Von der Bundesliga hinunter bis zu den Regionalligen. Ein wahrer Experte. Seine Kenntnisse erweiterte er jedes Wochenende durch die Lektüre der einschlägigen Fachzeitschriften. Außer dem Buch mit den Telefonnummern besaß er ein weiteres, das er aber schon vor Jahren ausgemalt hatte. Den Namen Goethe hatte er noch nie in irgendeinem Spielbericht gelesen, er vermutete, daß jener in einem unterklassigen Verein im Ausland spielte. Dafür wußte er auf Befragen prompt den Tag zu nennen, an dem Lothar Matthäus seine dritte Frau geheiratet hatte.

Daheim trug Anton nicht besonders viel zur Hausarbeit bei. Um nicht zu sagen, so gut wie nichts. Nur wenn Elise ihn das vierte Mal gemahnt hatte, den Tisch zu decken, gab er ihren Bitten nach und versprach, dies in der Halbzeit des Fußballspiels zu tun.

Elise kannte die Eigenheiten ihres Mannes zu genau, um sich noch darüber aufzuregen. Sie waren nunmehr schon einige zehn Jahre verheiratet. Die Kinder waren aus dem Haus, der Hund tot, der Kanarienvogel letztes Jahr aus dem Käfig durch das offene Fenster geflüchtet. Elise kümmerte sich um den Haushalt und die kleineren Fragen und Probleme des Lebens. Wann der TÜV für das Auto fällig war, ob es nicht besser sei, ein neues, und wenn ja, welches Auto zu kaufen, ob und welche Aktien sie erwerben sollten. Anton hingegen war für die großen, globalen Themen dieser Welt zuständig. Wie das mit dem Euro weitergehen sollte, ob Griechenland nun endlich zu Potte käme, wann im Berliner Flughafen die ersten Flüge stattfinden würden und wie das mit den Flüchtlingen zu lösen sei.

Als Elise Anton bat, den schweren Korb aus dem Keller zu holen, vernahm sie keine Antwort. Zunächst vermutete sie, er würde sich nicht von einem spannenden Spiel trennen können. Aber vor dem Fernsehgerät saß kein Anton, auch die Bierflaschen fehlten. Sie wiederholte ihre Bitte etwas lauter, dann noch lauter, bis sie ein »Was ist los?« aus Antons Zimmer hörte.

Und dort saß er. An seinem Computer, den ihm ihr Enkel Stefan zu Weihnachten geschenkt hatte. Er hatte nach dem Spiel »Wer wird Millionär« gegoogelt und es auch gefunden. Das erste Mal seit Jahren begann Elise sich zu wundern.

»Was willst du denn damit?« fragte sie, »willst du dich da anmelden?«

»Will ich nicht«, antwortete Anton, »aber ich will wissen, wie es geht.«

»Was geht?«

»Na das Spiel. Wie man Millionär wird.«

Und dann erklärte Anton, daß er von Gregor gehört habe, sie bräuchten manchmal einen Experten. Immer dann, wenn der Kandidat die Risikovariante gewählt hatte und die Frage schier unlösbar schien. Einen wirklichen Spezialisten, der die ausgefallensten Fragen beantworten konnte. Und er, Anton, sei ja nun so einer. Deshalb müsse er eben erst mal üben, um zu wissen, worauf es in diesem Spiel ankäme. Aus diesem Grund habe er im Netz gegoogelt und die Seite »Trainingslager« aufgerufen.

Auf dem Bildschirm erschienen in der Mitte das kreisförmige Symbol der Sendung mit der Aufschrift »Wer wird Millionär«, rechts die Gewinnstufen und auf der linken Seite die verschiedenen Joker. Elise fragte, was es denn damit auf sich hätte. Der 50:50-Joker war schnell erklärt und verstanden. Für den Expertenjoker fühle er sich selbst zuständig, nur den Publikums- und den Telefonjoker müsse Elise übernehmen. Elise war damit einverstanden, wohl wissend, daß sie keine Ahnung hatte, was da auf sie zukommen würde. Aber Anton würde ihr das schon rechtzeitig erklären, so hoffte sie.

Die Frage, ob er die Risikovariante spielen möchte, hatte er bereits mit ›Ja‹ beantwortet, die Eingangsfrage allerdings vermasselt. Bevor er die Frage verstanden hatte, war die Zeit bereits abgelaufen. Auf dem Bildschirm erschien der Hinweis, daß er trotzdem weitermachen dürfe.

Anton machte.

»Was hat jeder Mensch im Ohr?« kam die erste Frage:
    a) Klaviertaste   b) Trommelfell
    c) Geigensaite   d) Orgelpfeife

»Das ist ja nun wirklich einfach«, triumphierte Elise, es ist das Trommelfell, b) das Trommelfell.«

»Das hättest du nicht sagen dürfen«, schimpfte Anton, »jetzt ist der erste Joker bereits weg!«

»Wieso Joker?« fragte Elise.

»Dem Kandidaten darf niemand helfen! Niemand, dafür sind ja die Joker da. Jetzt habe ich einen weniger, weil du dich eingemischt hast!«

»Welcher ist weg?«

»Der Telefon- oder der Publikumsjoker, einer von beiden. Kommt darauf an, welchen du verwendet hast.«

»Kann ja nur der Publikumsjoker gewesen sein. Ich habe kein Telefon in der Hand gehabt«, sagte Elise.

»Mein Gott«, dachte Anton. Laut sagte er: »Dann nimm das Telefon und verschwinde. Ich rufe dich, wenn ich dich brauche.«

Elise fand das zwar nicht gerecht, gab aber seinem Wunsch nach. »Dann soll er eben allein spielen«, murrte sie vor sich hin.

Auf der Liste mit den Gewinnstufen erschien »€ 50«.

Was ist die Hauptstadt von Chile? die nächste Frage:

    a) Quito   b) Marseille
    c) Santiago de Chile   d) Vancouver

Anton dachte. Ausschließen konnte er Vancouver, das läge mehr in der Gegend von Texas. Santiago de Chile, so meinte er, sei keine Stadt, sondern eher ein Berg in Australien, der rote, der in der Abendsonne immer so leuchtet. Blieben noch Quito und Marseille. In Marseille war er schon mal gewesen, so erinnerte er sich, aber von Chile war dort nie die Rede gewesen. An Quito glaubte er nicht, war ja ein komischer Name für eine Stadt, klänge eher nach Quittenmarmelade. Dann schon eher an Marseille, weil es ihm da so gut gefallen hatte.

Echt doof, daß ich jetzt schon einen Joker nehmen muß, fluchte Anton und entschied sich für den 50:50-Joker. Den wertvollen Experten-Joker wollte er sich für später aufheben.

»Wutsch« machte es im Computer. Stehen blieben Quito und Santiago de Chile.

Was nun? Marseille, auf das er am ehesten getippt hatte, war nun weg. Also die lächerlichen 50 Euro mit nach Hause nehmen, pokern oder einen weiteren Joker benutzen? Der Expertenjoker fiel aus, dazu hatte er sich ja selbst ernannt.

Blieb also nur noch der Telefonjoker, er mußte Elise anrufen. Er holte sein Handy aus der Tasche und wählte.

»Hallo Elise, ich brauche dich für die Beantwortung der 100-Euro-Frage.«

»Und was willst du wissen?«

»Was die Hauptstadt von Chile ist. Santiago de Chile oder Vancouver. Für die Antwort hast du 30 Sekunden Zeit.«

»Santiago de Chile oder Vancouver?«

»So ist es.«

»Was noch?«

»Nichts mehr, Quito und Marseille sind schon raus.«

»Schade.«

»Wieso schade?«

»Weil ich auf Marseille getippt hätte.«

»Noch fünf Sekunden!«

»Weiß ich nicht, bring´ die 50 Euro mit nach Hause! Die Zuckerdose ist gerade kaputt gegangen. Wir brauchen eine neue!«

Elise betrat Antons Zimmer. »Du bist ja hier«, staunte sie.

»Na wo denn sonst?«

»Und warum bist du nicht in die Küche gekommen, sondern hast angerufen?«

»Weil du der Telefon-Joker bist. Ohne Telefon ist die Antwort nicht gültig.«

»Und was hast du nun gewonnen?«

»Nichts. Null Euro. Du hast ja die Telefonfrage verbockt. Deine Schuld.«

»Und warum hast du nicht anschließend den Experten-Joker genommen?«

»Weil ich das ja selbst bin. Wenn ich als Kandidat die Frage nicht beantworten kann, wie soll ich das dann als Experte können?«

»Du hättest aber noch den Telefon-Joker gehabt. Vielleicht hätte der geholfen.«

»Den hast du doch schon verballert. Und außerdem hättest du es ohnehin nicht gewußt.«

»Mit Telefon nicht, ohne schon.«

Anton dachte, er hätte sich verhört.

»Woher willst du das denn wissen?« fragte er.

»Kennst du Manuel Rolando Iturra?«

»Nein. Warum?«

Elise holte tief Luft.

»Manuel Rolando Iturra ist ein 33-facher chilenischer Nationalspieler. Er ist am 23. Juni 1984 geboren und 1,74 Meter groß. Jetzt spielt er in Italien. Aber früher spielte er bei Universidad de Chile. Dessen Stadion faßt 48.000 Zuschauer, es heißt »Estadio Nacional de Chile« und liegt mitten in der neuen Hauptstadt.«

Anton hatte es die Sprache verschlagen.

»Wieso neue Hauptstadt? Gibt´s auch eine alte?«

»Nein, sie hat nur Name und Ort gewechselt. Sie heißt jetzt ›Santiago de Chile‹.«

»Und wie hieß sie früher?«

Elise ließ sich einen Moment Zeit.

»Früher lag sie in Australien und hieß ›Ayers Rock‹. Benannt nach dem Berg, der so rot leuchtet.«

Thermodynamischer Dreck

Männer haben eine höhere Dreckschwelle als Frauen. Sagt man. Nicht alle, aber die meisten. Von einem, von dem ich es ziemlich genau weiß, das bin ich. Kann sein, daß mein Sehvermögen zeitweise eingeschränkt ist. Oder es hat mit den Naturgesetzen zu tun. Frei bewegliche Moleküle verteilen sich nun mal gleichmäßig in einem Raum. Physiker bezeichnen dieses Gesetz als Entropie; meine Frau nennt es Chaos. Ich hingegen halte es für eine Mißachtung der Naturgesetze, Entropie in einem Mülleimer zu kasernieren. Natur ist mitunter äußerst nachtragend, sie rächt sich. Dafür gibt es viele Beispiele. Ist der Teppich mit Mühe auf Hochglanz geschäumt, treten die Fallgesetze in Kraft, Onkel Hannes wird bei der nächsten Geburtstagsfeier wieder einmal sein Rotweinglas auskippen. Putzt meine Frau die Fenster, schlägt die Natur im Kapitel Thermodynamik nach und läßt es am nächsten Tag regnen. In beiden Fällen handelt es sich zwar um einen kausalen Zusammenhang, der allerdings nicht physikalischer Herkunft ist, sondern sich der Nichtgesetze, der Chaostheorie bedient. Dieser Prozeß ist irreversibel. Um den folgenden Ausführungen einfacher folgen zu können, eine simple Definition:

»Ein physikalischer Prozess ist irreversibel, wenn er nicht umkehrbar ist. Das Gegenteil ist ein reversibler Prozess. Obwohl alle mikroskopischen Elementarreaktionen reversibel sind, sind alle makroskopischen Prozesse irreversibel. Daraus folgt, daß thermodynamische Zustände eine natürliche Ordnung in bezug auf ihre zeitliche

Abfolge besitzen. Diese Ordnung kann durch die thermodynamische Entropie ausgedrückt werden. Nach dem Zweiten Hauptsatz der Thermodynamik sind alle Prozesse irreversibel, bei denen Entropie entsteht.«

Was einfach zu beweisen ist.

Nehmen wir als Beweis unser erstes Beispiel, das mit Onkel Hannes und dem Teppich. Der Frischgeschäumte befindet sich in einem physikalisch stabilen Zustand. Er liegt auf dem Boden, ohne äußere Einwirkung kann ihm die Schwerkraft nichts anhaben. Definieren wir diesen Zustand als Primärstadium.

Nun kippt Onkel Hannes das bewußte Rotweinglas über ihm aus. Die Folge: Dieser Prozeß bewirkt eine prompte, optisch einwandfrei erkennbare Zustandsumkehrung. Der Teppich verfällt in ein instabiles Sekundärstadium, er nimmt wieder die Beschaffenheit vor der Säuberung an. Instabil deswegen, weil eine ordentliche Hausfrau diesen Zustand nicht über einen längeren Zeitraum aushält und den Teppich in die Reinigung gibt.

Nun aber zu glauben, dieser Prozeß ließe sich, ohne die bekannten physikalischen Gesetze zu verletzen, in einfacher Weise umkehren, führt auf einen schier endlosen Holzweg. Der Schluß, der ungereinigte Teppich aus dem Sekundärstadium sei durch den Verzicht, ein Rotweinglas über ihm auszukippen, in das gereinigte Primärstadium zurückführen, ist nicht zulässig.

Zu bemerken sei noch, daß der Teppich in diesem Experiment keinerlei aktive Rolle einnimmt. Er ist nicht in der Lage, aktiv in den Prozeß einzugreifen. Daran hindert ihn schon das aus dem 17. Jahrhundert stammende, aber noch immer gültige Newtonsche Gravitationsgesetz. Der einzige handelnde Experimentator ist in unserem Beispiel ausschließlich Onkel Hannes.

Nicht anders in unserem zweiten Beispiel. Ich fasse es kürzer. Es ist in weiten Teilen mit Onkel Hannes und dem Rotweinglas vergleichbar, hat aber einige grundsätzliche Unterschiede. Vergleichbar ist die Irreversibilität des Prozesses. Wenn es als Folge des Fensterputzens anschließend zu regnen beginnt, bedeutet dies noch lange nicht, daß mit dem Einstellen der Putzarbeiten es zu regnen aufhört. Mitnichten. Nicht einmal die Umkehrung der Fallrichtung der Regentropfen ist möglich, auch hier wirken die vor über 300 Jahren gefundenen Gesetze. Das weiß jede Putzmacherin. Noch verwegener sei die Annahme, man könne durch den Verzicht auf das Fensterputzen einen regenlosen Sommertag erzeugen. Dies geht gar nicht.

Womit also bewiesen sei, daß die eingangs erwähnte Dreckschwelle in der Physik eine völlig bedeutungslose Rolle spielt. Thermodynamische Zustände besitzen eine natürliche Ordnung. Gemäß dieser Erkenntnis kann Dreck nicht weg geputzt werden. Das verhindert die Entropie. Der Dreck ist nicht weg, sondern woanders. Neu verteilt und ein bißchen chaotischer.

E-Bike

So ein E-Bike, oder wie die Amis sagen Elektro-Radl, so eines will sie nicht haben. Auf keinen Fall. Das ist was für Gebrechliche, Kranke oder Behinderte, sagt sie. Für die ist es gut. Obwohl man manchen Menschen ihre Behinderung ja nicht äußerlich ansieht, schränkt sie ein. Aber solange sie mit Treten vorwärts käme, benötige sie eine derartige Unterstützung nicht. Hat ja auch etwas mit sportlicher Betätigung zu tun. Ein Fahrrad mit Motor, das wäre ja genau so wie Stabhochsprung mit Feuerwehrleiter. Oder Weitsprung mit Sprungbrett statt Balken. Bestenfalls ein Rhönrad, das könne sie sich vorstellen, ein Rhönrad könnte vielleicht einen Motor vertragen. Da stehen die beiden Räder ja auch nebeneinander, ein Rhönrad, das kann nicht umfallen, es sei denn, es liegt bereits. Ein Rhönrad bleibt stehen, wenn es steht, ein Fahrrad kippt um. Das ist der Unterschied, mit oder ohne Motor.

Die E-Bikes sind nur was für Weicheier, die keine Lust haben, sich körperlich zu betätigen, sagt sie. Wie die Sitzrasenmäherfahrer. Oder die Kofferradler. Oder noch schlimmer, die E-Bike-Kofferradler. Dieses Wort hat sie selbst erfunden. Es klingt nicht gerade wohlwollend, wenn sie es ausspricht. Wenn Kofferradler unterwegs sind, fährt das Gepäck nicht mit, sondern reist sorgsam behütet und benummert im begleitenden Kofferbus. Koffer voll bis zum Rand mit Abendklamotten und Ketten und Kettchen, Kleidern und Röckchen.

Die Nummern brauchen die Koffer bei ihrer Ankunft im vorbestellten Mehrfach-Sterne-Hotel, damit die Hausknechte wissen, welcher Koffer vor welches Zimmer gestellt werden muß. Hineinrollen müssen die Radfahrhelden sie noch selbst. Aber die Kofferradlerreisegesellschaften arbeiten bereits daran, sie wollen die Rollkoffer mit Elektromotoren ausstatten.

Ansonsten ist neben Koffern nichts weiter im Bus, außer dem Fahrer natürlich. Und ein paar Plätzen für ermüdete oder gar erschöpfte Radfahrer. Für die, die sich bergab zu sehr angestrengt haben.

Anstrengung fürchtet diese Spezies wie der Teufel das Weihwasser. Wie die aus USA. Oder zumindest die aus Washington. Dort habe sie mal beobachtet, wie Jogger in ihr Auto stiegen, vier Blocks zum Gym fuhren, dann vierzehn Etagen mit dem Fahrstuhl, um sich auf´s Laufband zu begeben. Obwohl die Laufstrecke am Potomac, Washingtons Aller, nur zwei Blocks entfernt gewesen wäre.

Die Frage, was sie denn daran so schrecklich fände, beantwortet sie nicht. Sie denkt nach. Kofferradler müssen nie einen Reifen flicken, sagt sie dann. Auch keine kaputte Speiche ersetzen, oder die Gangschaltung einstellen. Höchstens den Bike-Akku aufladen. Aber auch das macht der Kofferradbusfahrer. Aber am meisten stört sie die Kofferradlermenge. Daß alle Hotels komplett ausgebucht sind. Da kommst du abends nach 80 Kilometern müde an, suchst eine Unterkunft, alles besetzt, sagt sie. Da schaust du in den Gastraum, da sitzen sie in Glanz und Glimmer und überbieten sich in ihren tagsüber erlebten Abenteuern. Und du stehst da, in deinen verschmutzten Klamotten und findest nichts. Es gäbe da noch Platz in einem 30 Kilometer entfernten Hotel, erfährst du dann. Etwa die Wegstrecke, die der Kofferbus tagsüber zurückgelegt hat. Und die Kofferradler natürlich auch. Nein, mit denen möchte sie nichts zu tun haben. Weder mit Koffern, noch mit E-Bikes.

Sie wiederholt sich. E-Bikes sind was für Warmduscher. Wenn schon einen Radl-Motor, dann auch einen richtigen, sagt sie. Einen mit nicht so lächerlichen PS, der gerade mal Jogger-Geschwindigkeit zuläßt. Ein Elektromotor sollte es schon sein, sonst wäre es ja kein E-Bike. Mit Benzin hieße es Moped oder Mofa. Also einen Motor mit Mumm, der das Fahrrad auf 80 bringt. Autobahntauglich. Für die Stadt mit eingebautem Tempomaten. Aber so etwas gibt es ja noch nicht.

Wer weiß, sagt sie, vielleicht arbeiten sie schon daran.

Der Organist

»Du kannst dich doch an die Geschichte erinnern, in der der Mann mit, …. der Mann mit ….«

»Der Mann mit *was*?«

»Es heißt womit.«

»Nicht womit. Ich meine *an*, den Mann an der Orgel.«

»Was ist mit dem?«

»Wie heißt der?«

»Organist natürlich.«

»Woher kommt dieses Wort denn? Warum nennt man ihn so?«

»Weil es sein Beruf ist.«

»Aber er spielt doch Orgel.«

»Na und?«

»Dann müsste er doch Orgelist heißen. Er hat doch mit Organen nichts zu tun. Das ist was für Ärzte. Er spielt Orgel, also heißt er Orgelist.«

»Orgelist gibt es nicht.«

»Aber Flötist gibt´s. Ein Mann spielt Flöte, folglich ist er Flötist.«

»Flöte geht. Orgel nicht.«

»Dann vielleicht Orgeler?«

»Wie kommst du da drauf?«

»Orgel - Orgeler wie Trompete - Trompeter.«

»Wie Bratsche, Bratscher. Gitarre, Gitarrer. Oder Violine, Violiner?«

»Der Violiner heißt Geiger. Weil er Geige spielt.«

»Dann muß er Geigist heißen.«

»Geigist geht nicht.«

»Warum?«

»Manchmal geht´s eben, manchmal nicht.«

»Es gibt welche, da geht´s nie.«

»Sag´ Beispiel!«

»Der Mann am Klavier. Er kann weder Klavierer noch Klavist noch Klavierist heißen. Da geht überhaupt nichts.«

»Aber Pianist, das geht!«

»Nur in Italien. Und dann auch nur, wenn er in Piano wohnt.«

»Wo ist Piano?«

»Irgendwo hinter Rom. Liegt an einem Fluß. Ist ein Geheimtipp. Piano, die Stadt der Pianisten.«

Testament – ungeschrieben

Vor etwa einem Monat habe ich meine Werkstatt geschlossen. Meine Reparaturwerkstatt für kaputte Wörter. Über Jahre hinweg war ich als Wortreparateur tätig, hatte einen gewissen Ruf als Wortheilkünstler erworben, hatte zusammengeleimt, ausgebessert, reanimiert, unterstützt, gefördert, Verstümmelungen beseitigt, den Wort-Asylanten neuen Lebensmut eingehaucht, ihnen eine Unterkunft gegeben. Und wenn mir schien, daß sie ohne mich zurecht kommen würden, hatte ich sie wieder ausgewildert.

Irgendwann wurden es einfach zu viele. Sinnlose Überschriften aus Tageszeitungen, defekte Sprachhülsen, nichtssagende Redensarten oder einfach nur von Analphabeten vergewaltigte Wörter standen tagtäglich vor meiner Haustür, begehrten Einlaß, baten um meine Hilfe. Ich konnte mich nicht mehr um alle kümmern, konnte nur einige wenige behandeln, jene, die mir am kaputtesten erschienen. Die restlichen mußte ich auf unbestimmte Zeit vertrösten. Was mir logischerweise den drastischen Unmut der Nichtberücksichtigten einbrachte. Wortfetzen wie »Bestechung«, »Scheiß-Krankenkasse« oder sogar »Privatpatient« konnte ich dem wirren, zusammenhanglosen Protestgeschrei entnehmen.

Nachdem ich zweimal hintereinander diese Streitereien nur mit Hilfe der herbeigerufenen Ordnungshüter beenden konnte, entschloß ich mich, die Vergabe der Behandlungstermine direkt in die Hände der Demonstranten zu geben. Jeder solle seinen Namen und eine dreistellige Zahl auf ein Stück Papier schreiben und in den mit einem Schlitz versehenen Schuhkarton stecken. Alle Zettel würden anschließend nebeneinander auf den Tisch gelegt, die höchste Zahl den nächsten Behandlungstermin gewinnen. Demokratischer geht´s überhaupt nicht, so dachte ich. War ein Irrtum, es ging nur ein paar Tage gut, dann hatten sie alle die 999 auf dem Zettel. Was ein weiteres Mal zu heftigen Protesten mit anschließender Rauferei führte. Jeder bezichtigte den anderen, er hätte von ihm abgeschrieben. Die ohnehin schon kaputten Wörter wurden durch die Prügelei noch kaputter, manche derart beschädigt, daß sie nur noch mit fremder Hilfe das Weite suchen konnten. Andere beschlossen sogar, das Land zu verlassen und in ihre Heimat zurückzukehren.

Meine Entscheidung war gefallen, irgendwann ist immer Schluß. Entweder alle oder keinen. Ich sägte aus Sperrholz ein Schild zurecht, bestrich es mit weißer Lackfarbe und malte in roter Schrift »Geschlossen« darauf. Ein paar Tage später ergänzte ich es durch die Aufschrift »Closed«, falls sich wieder Mal ein schwachköpfiger Anglizist verirren sollte.

So wurde es ruhig um mich herum: Keine reparaturbedürftigen Wörter mehr, keine Scherereien mit Wortasylanten, keine Plackereien mit Anglizismen, keine Auseinandersetzungen mit völlig verstolperten Schlagzeilen, Zeit für alles, was ich schon immer tun wollte. Ich kam sogar dazu, ab und zu ein Buch zu lesen.

Das alles ging gut. Bis zu jenem grauen Novembernachmittag. Es regnete, die Kälte kroch in die Kleider. Es klingelte. Vor der Tür stand ein Wort. Ein ziemlich unscheinbares, kleines, ohne Regenschirm. Ob es mit mir reden könne, seine Frage. Es habe von anderen gehört, daß ich schon nahezu unlösbare Probleme erfolgreich beseitigt hätte. Deshalb sei es zu mir gekommen.

Ich zeigte auf das Schild, erklärte, daß meine Werkstatt schon eine ganze Weile geschlossen sei.

»Da hast du dich in der Adresse verpeilt«, sagte ich, »ich repariere nicht mehr.«

»Es geht nicht um eine Reparatur, nur um eine klitzekleine Gefälligkeit«, kam die prompte Antwort.

Ich betrachtete den Hilfesuchenden genauer. Nicht besonders groß, gut angezogen und nass, um nicht zu sagen durchgeweicht. Tropfen fielen von seinen graumelierten Haaren auf den Boden, sein aschfarbenes Gesicht sah müde aus, es schien ihm nicht gut zu gehen. Vielleicht brauchte er wirklich Hilfe und wenn es sich nur um eine erbetene klitzekleine Gefälligkeit handelte, dann ….. .«

Er schien meine Gedanken erraten zu haben.

»…. dann könntest du doch mal eine Ausnahme machen«, ergänzte er.

Ich machte, nahm ihn in mein Arbeitszimmer mit, gab ihm ein Taschentuch, um sich abzutrocknen, und ein weiteres, um sich darin einzuwickeln.

»Wie heißt du?« fragte ich.

»Ich heiße nicht«, zögerte er, »will sagen, ich habe noch keinen richtigen Namen.«

Er hatte sich in mein Taschentuch gekuschelt, sich auf den Zettelkasten auf meinem Schreibtisch gesetzt und ließ die Beine über den Rand herunterbaumeln. Ab und zu wuschelte er sich durch die immer noch nassen Haare.

»Aber ich habe einen in Aussicht! Ich hoffe, ich kriege ihn auch«, sagte er dann.

»Wie willst du denn heißen?«

Wieder zögerte er.

»Testament!« sagte er dann.

»Testament?« das ist doch kein richtiger Name, »das ist, das ist... .«

»Wenn dir das zu lang ist, sag´ einfach Testa zu mir«, wurde ich unterbrochen, »ist mein Vorname, mit Nachnamen heiße ich Ment.«

»Der oder die Testa?«

»Ich bin eigentlich ziemlich neutral, aber sag´ die zu mir. Gefällt mir besser.«

»Die Testament gibt´s nicht, die Beziehung zwischen Subjekt und Artikel ist falsch. Es muß das heißen, das Testament ist sächlich, weiblich geht nicht«, widersprach ich.

»Komm mir nicht mit Grammatik, die hat hier überhaupt nichts zu suchen. Weiblicher als ein weibliches Weib geht auch nicht, trotzdem machst du es zur Sache, nennst es das Weib. Findest du das besonders höflich? Also pfeif´ auf den wohltemperierten Satzbau und denke nach, wie du meinen Fall lösen kannst!«

Überaus müpfig, das selbsternannte Fräulein, wenn nicht sogar aufmüpfig. Sie ohne Schaden zu nehmen wieder los zu werden, würde ein heftiges Stück Arbeit bedeuten.

»Und warum gehst du nicht zum Einwohnermeldeamt und läßt dich dort unter diesem Namen eintragen?« schlug ich vor.

»Hab´ ich schon versucht, aber sie sagen, es geht nicht.«

»Warum nicht?«

»Weil ich noch nicht geschrieben bin. Ein Testament, das noch nicht geschrieben ist, das ist keines, haben sie gesagt. Ich möge mich um einen Schreiber kümmern und dann wiederkommen. Dann würden sie mir den Namen geben und mich in die Liste der namhaften Wörter eintragen.«

»Was meinst du mit namhaften Wörtern?«

»Na, Wörter, die einen Namen haben, was denn sonst?«

Testa ließ eine Weile verstreichen.

»Es gibt viele Dinge, die ungeschrieben aber dennoch akzeptiert werden«, sagte sie dann, »sogar Gesetze. Aber einem ungeschriebenen Testament verweigert man die Gültigkeit. Sie bestehen darauf, daß man eines schreibt.«
»Wen meinst du mit ›man‹?«
»Na irgendeinen.«
»Hast du schon einen?«
Testa zögerte. Sie hüpfte von dem Zettelkasten auf die Schreibtischplatte, verschränkte die Hände hinter dem Rücken und lief unruhig hin und her.
»Ich dachte an dich«, sagte sie dann.
»Ich soll also ein Testament schreiben?«
»Ja.«
»Und wessen Testament?«
»Ich denke an deines.«
Ich konnte nicht glauben, was ich da hörte. Einen kleinen Gefallen hatte sie erbeten, sogar einen klitzekleinen. Und nun legte sie mir nahe, mein eigenes Testament zu schreiben.
»Und was passiert dann, wenn ich es schreibe?«
»Dann kriege ich meinen Namen, ich heiße dann offiziell Testament. Testament mit deinem Namen drauf.«
»Und dann, was machst du dann?«
»Ich mache nichts, du machst was. Du hinterlegst mich bei einem Notar. Dort warte ich auf meinen Einsatz.«
»Welchen Einsatz?«
»Ich warte, bis der Vollstrecker kommt. Bis man mich braucht. Bis deine Erben wissen wollen, wer das Haus, das Auto, deine Briefmarkensammlung usw. kriegt. Ich bin dann unheimlich wichtig. Außer mir weiß ja niemand über deine Kontonummern Bescheid.«
Das konnte doch nicht wahr sein. Was hatte mich nur dazu bewegt, diesen Kobold in meine Wohnung zu lassen?

»Hast du gerade ›deine Erben‹ gesagt?«

»Hab´ ich.«

»Du meinst, ich soll den Toten machen, nur damit du öffentlich strunzen kannst, als alleiniger Geheimnisträger. Findest du nicht, daß das ein mieses Geschäft für mich ist?«

Testa nickte bedauernd mit dem Kopf.

»Stimmt schon, du kommst nicht gut dabei weg. Aber bei Testamenten ist das halt so, sie werden erst nach dem Tod gebraucht. Das ist ja der einzige Zweck, wofür man sie macht.«

»Kommt nicht in Frage«, sagte ich, »deine Idee gefällt mir nicht. Ich werde kein Testament schreiben. Jedenfalls nicht meines.«

»Vielleicht …?«

Testa machte eine hoffnungsvolle Pause. »Vielleicht eines für jemand anderen?«

»Na vielleicht für dich«, beteuerte ich.

»Du willst mein Testament schreiben?«

»So ist es.«

»Was soll denn da drin stehen?«

»Na ja, nicht viel, nur daß du jetzt nicht nur Testament heißt, sondern auch eines bist. Und zwar dein eigenes.«

»Und du, brauchst du keines?«

»Nein, ich warte nur auf dich. Und wenn du tot bist, hole ich den Vollstrecker und lasse es verlesen. ›Das Testament hat nichts hinterlassen außer sich selbst‹, wird er verkünden. So kannst du weiterleben und ich muß nicht den Toten machen.«

»Ist das nicht ein wenig zu kompliziert?«

»Das schon. Wird in der Praxis deshalb auch sehr selten angewendet. Aber es funktioniert.«

Testa rutschte von dem Zettelkasten herunter, gab mir die beiden Taschentücher zurück, ging zur Tür und schaute in den Himmel. Es hat aufgehört, zu regnen.

»Wir sehen uns«, sagte sie noch, bevor sie verschwand.

Drogenpalast
und andere sinnlose Geschichten

Kuriose Begebenheiten und grammatikalische Fallen der deutschen Sprache werden im ersten Band auf's Korn genommen: Was befindet sich wohl im Nachtschrank, wenn sich im Besenschrank Besen befinden?
Wenn eine Kaffeemühle Kaffee mahlt, was mag dann wohl eine Windmühle mahlen? Liegt der „Drogenpalast" tatsächlich in Venedig?
Und was versteht man bloß unter „Katzenzubehör"?
Außerdem machen Sie Bekanntschaft mit Alberto, dem immer gut gelaunten Freude-Verbreiter aus Napoli.

Taschenbuch / 156 Seiten
ISBN 978-3-00-019517-4 / € 9,80

Klinisch toter PC
und andere kaputte Geschichten

Im zweiten Band gibt es ein Wiedersehen mit dem stets gut gelaunten Alberto aus Napoli, der einen mit seinen endlosen Fragen zur deutschen Sprache schier in den Wahnsinn treiben kann.
Außerdem geht Werner Julius Frank dem Phänomen der immer wieder verschwindenen Brillen und mausetoten Computern nach, erklärt, wo und wie ein Landei landet, jagt Wollmäuse, empfiehlt Übergangsmäntel für eine Grenzüberschreitung und schreibt seiner Tante Elfriede einen Brief über nicht verschickte Weihnachtsplätzchen...

Taschenbuch / 158 Seiten
ISBN 978-3-00-021832-3 / € 9,80

Die Ibisse des Kranikus

In der dritten Sammlung von Kurzgeschichten kommen Frieda und Herbert den „Ibissen" näher.
Begleiten Sie „Blauweiß Kantholz an der Leierwumme" auf den Fußballplatz, die „Große Koalition" ins marode Dorfgemeinschaftshaus und lassen Sie sich die „flache Ratte" erklären.
Ist ein „Kinderflohmarkt" legal, welch unglaubliche Fähigkeiten kann man von einem „Multifunction Paper" erwarten und braucht man tatsächlich eine „Outdoor-Doppel-Jacke"?
Natürlich gibt es auch ein Wiedersehen mit Freund Alberto aus Napoli.

Taschenbuch / 158 Seiten
ISBN 978-3-00-028455-7 / € 9,80

STÖRE MEINE KRISE NICHT!

Wieder glänzt Werner Julius Frank mit Sprachwitz, bissigem Humor und der Wandlung alltäglicher Situationen in schreiend komischen Begebenheiten. Wann lernen die Wörter das „Flügeln", was reißt der Reißwolf, gibt es eine „Eiergarantie" und was versteht man unter „definitiver Effizienz"?
Sportlich wird's mit der „stehenden Eins" und dem „breiten Spitzensport" und man sollte auf keinen Fall „die Krise" stören!

Taschenbuch / 158 Seiten
ISBN 978-3-00-039772-1 / € 9,80